THOMAS MILLEKER / ESTHER DYMEL-SOHL
FREIHEIT HINTER GITTERN

THOMAS MILLEKER / ESTHER DYMEL-SOHL

FREIHEIT HINTER GITTERN

WIE MIR GOTT IM SCHLIMMSTEN KNAST BRASILIENS BEGEGNET IST

neukirchener
aussaat

Bibliografische Information der Deutschen Nationalbibliothek

Die Deutsche Nationalbibliothek verzeichnet diese Publikation in der Deutschen Nationalbibliografie; detaillierte bibliografische Daten sind im Internet
über http://dnb.d-nb.de abrufbar.

© 2016 Neukirchener Verlagsgesellschaft mbH, Neukirchen-Vluyn
Alle Rechte vorbehalten
Umschlaggestaltung: Andreas Sonnhüter, www.sonnhueter.com, unter Ver-
wendung der Bilder von igor.stevanovic, ivan101, maxstockphoto, ules2000
© Shutterstock.com
Lektorat: Rahel Dyck, Bonn
DTP: Breklumer Print-Serivce, www.breklumer-print-service.com
Verwendete Schrift: Adobe Garamond Pro, Futura Light
Gesamtherstellung: Finidr, S. r. o.
Printed in Czech Republic
ISBN 978-3-7615-6264-2 Print
ISBN 978-3-7615-6265-9 E-Book

www.neukirchener-verlage.de

INHALT

VORWORT

Im Sommer 2011 traf ich Thomas Milleker das erste Mal. Ein gut gebauter, durchtrainierter, braun gebrannter, sportlich elegant gekleideter Mittfünfziger mit glattrasiertem Kopf und Sonnenbrille saß vor mir und erzählte mir in schwäbisch eingefärbtem Hochdeutsch seine Lebensgeschichte. Seine anfängliche Bemerkung, ich solle mich von seinem harten Äußeren nicht täuschen lassen, weil in ihm ein ganz weicher Kern schlummere, bewahrheitete sich bei jedem Satz. Er erzählte mir, wie er „aus purer Dummheit" in einen millionenschweren Drogencoup hineingeschlittert war. Dabei wollte er vor 14 Jahren bei seiner Reise nach Recife in Brasilien eigentlich nur mit seinem Freund und Bodybuilding-Kollegen eine Kebab-Imbisskette eröffnen und ein neues Leben anfangen. Seine innere Betroffenheit klang in seiner Stimme wider, als er mir von seiner Verhaftung und der anschließenden Verwahrung im Anibal Bruno, dem wohl schlimmsten Gefängnis der Welt, erzählte. Und als er mir beschrieb, wie er im Gefängnis fast gestorben wäre, dann aber dort, an dem dunkelsten aller Orte, in tiefster Finsternis, eine Begegnung mit Gott gehabt hatte, die sein Leben im wahrsten Sinne des Wortes völlig veränderte, war er tief berührt. Wischte er sich an dieser Stelle eine Träne weg oder rieb er sich einfach nur so die Augen? Ich machte mir eifrig Notizen und war fasziniert von dieser Welt, die sich mir gerade durch die kurzen Erzählungen des Thomas Milleker eröffnete. Meine Neugier war geweckt und ich wollte mehr hören, detailliertere Beschreibungen des Erlebten, und ich bekam große Lust, das Gehörte für die große, weite Welt niederzuschreiben. Ich wollte sie Anteil nehmen lassen an einer einzigartigen Lebensgeschichte, in der Drogen, Korruption, Überlebenskampf und ein liebender Gott die Hauptrollen spielten.

Wieder zu Hause, schickte Thomas Milleker mir einen Ordner zu, in dem er sämtlichen Schriftverkehr, alle Dokumente und auch Zeitungsberichte, die mit seinem Fall zu tun gehabt hatten, aufbewahrte. Diese Zeitzeugen tauchen immer wieder in meiner Erzählung auf. Alle zitierten Briefe und Briefauszüge sind ebenfalls authentisch. Außerdem telefonierten Thomas und ich regelmäßig. Ich ließ mir von ihm eine Episode nach der anderen erzählen, die ich dann zu Papier brachte und ihm entweder zuschickte oder beim nächsten Telefonat vorlas.

Als ich ihm wieder einmal ein Buchkapitel nach Fertigstellung vorgelesen hatte, herrschte erst einmal große Stille am anderen Ende der Leitung. Dann sagte Thomas: „Ist das schon alles? Ich würde gerne noch mehr hören. Es ist gerade so spannend!"

Das war das größte Lob, das mir jemand hätte aussprechen können. Er, der Protagonist dieses Buches, konnte es nicht abwarten, das nächste Kapitel vorgelesen zu bekommen!

Um möglichst viele Seiten des Erlebten zu beleuchten, telefonierte ich mit der damals zuständigen Polizeibehörde, dem Anwaltsbüro Rose und sprach mit Thomas' Schwestern. Bei meinen Internet-Recherchen stieß ich sogar auf „den Kannibalen", den ich aus Thomas Erzählungen schon kannte, und auch auf eine detaillierte Beschreibung seiner „Zelle". Keine dieser Detailbeschreibungen ist also dazugedichtet. Allerdings habe ich einige Stellen, die niemand der Beteiligten durch eigene Erzählungen schildern konnte, selbst aufgefüllt. Damit der Leser sie von den authentischen Berichten unterscheiden kann, habe ich sie in kursive Form gesetzt. Die Namen aller Beteiligten habe ich verfremdet, außer die der Familie unseres Protagonisten: Thomas Milleker.

Esther Dymel-Sohl

Es war im Sommer 2006. Deutschland war im Fußballfieber. Ein Freund lud mich zu einer Public-Viewing-Veranstaltung in eine Kirche ein. „In einer Kirche Fußball schauen, darf man das?", war mein erster Gedanke. Ich hatte eine bestimmte Vorstellung, wie Kirche und Christen sein sollten.

Ich nahm die Einladung dennoch an und staunte nicht schlecht. Die Veranstaltungen waren anders als erwartet, und auch wenn ich mich so gar nicht für den Fußball interessierte, für die Menschen, die vor Ort waren, umso mehr.

In mir begann etwas aufzukeimen: Der Wunsch nach Glauben und Leben. Was mir schon immer Mühe gemacht hatte, war die Widersprüchlichkeit zwischen Frömmigkeit und Alltag im Leben vieler Menschen. Oft hatte ich den Eindruck, man kann nur in einer Kirche richtig fromm sein. Das machte mich sehr betroffen. Denn in meinem Leben habe ich auf dramatische Art und Weise erlebt, dass Gott mitten im Leben zu Hause ist. Ja, mitten in meinem Leben! Diese Kirche zeigte mir, dass es eben kein Widerspruch sein muss! Ich schloss mich dieser Kirche an und erlebte wertvolle Jahre der Ermutigung und Stärkung meines Glaubens.

Der kleine Keim von damals wuchs zu einer immer stärkeren Pflanze heran. Der Wunsch, meinen Mitmenschen die Geschichte einer bestimmten Phase meines Lebens mitzuteilen, mündete in dem Anliegen, dieses Buch zu verfassen. Was ich hier dokumentiere, soll deutlich machen: Gott ist da. Immer. Zu jeder Zeit. Er ist kein Gott des Widerspruches, sondern des Lebens. Auch wenn scheinbar alles aus den Fugen gerät: Er ist da.

Ich möchte den Leser einladen, sich mit mir auf das Wagnis einzulassen, Glauben und Leben im Alltag zu erleben. Meine Geschichte ist speziell, dramatisch, notvoll und doch voller Hoffnung. Und ich bin von dem Wunsch getragen, dass sich auch für den Leser Widersprüche des Lebens auflösen und dass Hoffnung wieder in den Fokus gerückt wird.

An dieser Stelle möchte ich ausdrücklich Frau Esther Dymel-Sohl danken. Ohne sie wäre das Buch nicht das, was es jetzt ist: Ein Dokument meines Herzens! Sie wurde mir als Autorin empfohlen und ich bin ausnahmslos von ihrer Kompetenz überzeugt. Am meisten hat mich ihre Fähigkeit beeindruckt, sich emotional und mental auf meine Geschichte einzulassen.

Irgendwann fragte ich sie einmal: „Sag mal, warst du im Gefängnis oder ich?!" Es ist ihr tatsächlich gelungen, aus meinem Herzen heraus zu schreiben. Außerdem hat sie in überdurchschnittlicher Fleißarbeit Recherchen angestellt und mit Behörden, Büros und meiner Familie telefoniert, um die Authentizität meiner Geschichte zu untermauern. Dinge, die „zwischen den Zeilen" geschehen sind, haben wir miteinander rekonstruiert und interpretiert und in kursive Schrift gesetzt.

Noch einmal will ich es unterstreichen: Gott ist kein Widerspruch. Im Gegenteil: Auf einmal ist er da!

Thomas Milleker, Langenbrand, 2016

1. ENDSTATION

Der Wärter nimmt mir die Handfesseln ab und gibt mir einen Stoß in die Auffangzelle, bevor er die Zellentür mit Getöse hinter mir wieder verriegelt. Eine unheimliche Stille empfängt mich. Etwa 100 Augenpaare stieren mich an; Panik steigt langsam in mir hoch – kalt und klamm. Am liebsten würde ich schreien, in die Zelle hineinbrüllen, dass ich unschuldig bin, doch irgendetwas schnürt mir die Kehle zu: Angst. Wie eine Person steht sie neben mir, übermächtig, ja riesig, meine Kehle in ihren ausgemergelten Händen. „Reiß dich zusammen!", sage ich mir immer wieder lautlos, fast schon mantraartig: „Nun reiß dich schon zusammen!" Furcht kann man sich hier im „Anibal Bruno", dem brasilianischen Staatsgefängnis von Recife, am wenigsten leisten. Und so richte ich mich mit letzter Kraft innerlich auf, mache mich gerade und schaue in die Runde.

Etwa 100 Männer drängen sich in einer 60 Quadratmeter großen Zelle dicht an dicht. Neugierige Blicke durchdringen mich. Neugier, gepaart mit Wut über die eigene Ausweglosigkeit. Was soll ich jetzt machen? Ich spreche kein Portugiesisch und offensichtlich bin ich in der Runde auch der einzige Europäer. Mit Deutsch oder Englisch werde ich nicht weit kommen. Mein Bündel mit den Sachen, die ich mit in die Zelle nehmen durfte, umklammere ich, als wolle ich mich daran festhalten. Zahnbürste, Schreibzeug, drei T-Shirts, eine Hose und vier Unterhosen sind alles, was mir an Habseligkeiten geblieben ist. Und nun?

Plötzlich löst sich ein mittelgroßer Brasilianer aus der Menge und kommt auf mich zu. Er ist gehbehindert und zieht ein Bein nach. Die anderen Inhaftierten machen ihm Platz, kleinlaut, leise, ja fast schon unterwürfig. Ich blicke ihn an, in sein finsteres Gesicht, und mir läuft der Angstschweiß den Rücken hinunter. Was wird nun passieren? Wird mich der Unbekannte windelweich prügeln oder was hat das zu bedeuten? Ich setze alles daran, meinem Blick eine gewisse Festigkeit zu verleihen, auch wenn mir die Knie schlottern und ich am liebsten in mich zusammensacken würde.

Kurz vor mir stoppt der Brasilianer und gibt mir per Handzeichen zu verstehen, ihm zu folgen. Trotz seines Gehfehlers ist sein Gang Ehrfurcht gebietend. Er, der König, weiß, wo er hinwill, und seine Untertanen weichen ihm aus. Ich torkele hinterher, mir ist schwarz vor Augen und wenn ich mich nicht gleich setzen kann, breche ich hier inmitten der Meute zusammen. Der König der Zelle gibt mir zu verstehen, ich solle mich direkt an die Wand setzen. Ein anderer muss mir laut fluchend Platz machen. Was für ein Glück: Hier kann ich mich wenigstens zwischendurch anlehnen. Mir ist klar, dass ich soeben einen sonst hart umkämpften Platz zugewiesen bekommen habe. Ich sinke zu Boden, lasse mich an der kühlen Wand ganz langsam nach unten gleiten. Unmissverständlich macht der König mir klar, dass er als Anerkennung seiner Organisation meine T-Shirts und die Hose haben wolle, und sofort wechseln meine wenigen Habseligkeiten ihren Besitzer. Dafür habe ich für die nächsten Tage einen persönlichen Beschützer.

So langsam gewöhnen sich die eher dunkelhäutigen Zellengenossen an mich blassen Neuzugang und schnell wenden sich die Insassen wieder ihrem gewohnten Tagesablauf zu: Überall palavern sie, diskutieren erhitzt darüber, ob jemand sich zu breit macht, schreien sich an, schubsen und schlagen um sich. Andere sitzen einfach nur da wie ich und scheinen sich ihrem Schicksal ergeben zu haben. Wie gelähmt hocke ich immer noch an dem mir zugewiesenen Platz an der Wand und befinde mich in einem Schockzustand. Erst vor wenigen Tagen saß ich noch auf der Terrasse meiner Eltern in Pforzheim und habe ihnen voller Enthusiasmus von meinem geschäftlichen Vorhaben in Brasilien erzählt. Und heute, am 19.05.1997? Hier sitze ich nun in dem brasilianischen Bundesstaat Pernambuco in einem der berüchtigtsten Gefängnisse des Landes, das eigentlich Platz für 700 Insassen hat, aber mit vierfach so vielen Gefangenen belegt ist. Überfüllt ist auch diese Auffangzelle. Hier können die Häftlinge entweder stehen oder sitzen. An Hinlegen ist nicht zu denken – bei dem Gedränge …

Und so gesellt sich zu der Angst, die von nun an mein ständiger Begleiter sein wird, auch die Hoffnungslosigkeit. Die macht sich in meinem Herzen breit und erfüllt mich mit … nichts. Eine große Leere bemächtigt sich meiner und mir wird klar: Vielleicht ist diese Zelle das letzte, was ich in diesem Leben zu sehen bekomme. Auf der Polizeistation hatte man mir unmissverständlich klargemacht, dass es für mich in diesem Gefängnis keine Gnade geben werde, dass ich verrecken würde, chancenlos, familienlos und heimatlos. Das Anibal Bruno hat kein Mitleid mit mutmaßlichen Drogendealern.

2. RÜCKBLICK

Im Herbst 1996 war die Welt für Thomas Milleker noch in Ordnung gewesen. Natürlich mit Höhen und Tiefen, wie das Leben so spielt, aber alles im Rahmen eines durchschnittlichen deutschen Bürgers. Schulabschluss, handwerkliche Lehre, Heirat … Gut, seine Ehe war zwar gerade geschieden worden, und als ob das nicht gereicht hätte, hatte sein Chef ihm kurz darauf auch noch die Kündigung präsentiert. „Aber so etwas kommt in den besten Familien vor", entgegnete der Monteur a. D., wenn ihm jemand auch nur den Anschein von Mitleid entgegenbringen wollte. Dabei wischte er unangenehme Erinnerungen einfach mit einer Handbewegung weg. Zack, wisch, vorbei.

Neues Leben, neues Glück, war seine Devise. Wieso sollte man sich mit Dingen belasten, die man sowieso nicht ändern konnte? Ein ewig Gestriger wollte der Vierzigjährige bestimmt nicht sein. Heute wollte das Leben gelebt werden.

Aber tief in seinem Inneren pochte die Sehnsucht. Die Sehnsucht nach Liebe und Lebenssinn. Als sich sein zwei Jahre älterer Bruder Christoph telefonisch meldete, um sich nach ihm zu erkundigen, kam der ganze Lebensfrust zutage.

„Wollte mich mal melden, Bruderherz. Wie geht's dir?"

„Bescheiden ist noch zu positiv ausgedrückt. Mir geht es richtig schlecht. Ich weiß einfach nicht, was ich machen soll. Mir fällt die Decke auf den Kopf!"

„Wie wäre es mit Sport? Krafttraining würde doch zu dir passen! Dann hast du Ausgleich und bist vorerst beschäftigt."

„Gar nicht so übel, dein Vorschlag. Werd's mir überlegen. Danke für deinen Anruf!"

Dass dieser wohlgemeinte Rat sich in kürzester Zeit zum ausgewachsenen Fluch entpuppen würde, hatte wohl keiner der beiden erwartet.

3. MUSKELN, FRAUEN UND – KOKS

Heiko Heller war Chef des Fitnessclubs in Pforzheim, bei dem ich mich nach dem Telefonat mit meinem Bruder einschrieb. Er war Anfang dreißig und sprühte vor Energie und Tatendrang. Mit allem, was ein Mann sich wünschte, konnte er aufwarten: Geld, Muskeln, Frauen und Autos. Wir beide verstanden uns auf Anhieb, empfanden fast so etwas wie Seelenverwandtschaft. Plötzlich machte mein Leben wieder Sinn, denn ich wusste, wofür ich morgens aufstand. Trainieren wurde zu meinem Lebensinhalt. Außerdem traf ich hier im Sportstudio täglich interessante Leute mit noch interessanteren Tätigkeiten. Millionärssöhne trainierten neben Zuhältern und Kleinkriminellen und alle hatten nur ein Ziel: Muskelaufbau pur; einige setzten dafür auch die notwendigen Testosteron-Präparate ein.

Wir waren eine eingeschworene Gemeinschaft, die zusammen trainierte und immer wieder auch zusammen kokste. Aus dieser explosiven Mischung von Sport und Drogen entstand die wahnwitzige Idee, mit Prostituierten aus Osteuropa Geld zu verdienen. Mein Bruder Christoph, der selbst jahrelang seinen Körper mit Bodybuilding gestählt hatte, hatte gewollt, dass ich durch den Sport nicht auf dumme Gedanken kam. Doch hier in Heikos Fitnessclub wartete eine idiotische Idee nach der anderen auf mich. Ich wollte leben, ich wollte glücklich sein und war bereit, alles dafür zu tun! Ganz tief in mir regte sich allerdings auch Widerstand: Wollte ich wirklich mitverantwortlich sein, wenn es darum ging, Frauen aus dem Ausland zu holen und sie auf den Strich zu schicken? Nein, das konnte ich mit meinem Gewissen dann doch nicht vereinbaren. Deshalb sah ich zu, dass ich aus dieser Nummer schnell wieder rauskam.

Ich trainierte wie ein Besessener und hatte nur noch mein Aussehen im Kopf: Eitel bis zum Scheitel. In diesen Wochen nahm auch mein Kokskonsum immer mehr zu. Schließlich befand ich mich vier Wochen im Dauerrausch, voller Euphorie und Energie, so lange, bis mir das Blut aus der geschundenen Nase lief.

4. OBSERVIERT

Kriminalhauptkommissar Ralf Becker fluchte: „Wer zum Teufel hat die Kamera ausgemacht?" Betretenes Schweigen. „Irgendein Idiot hat das Aufladekabel gezogen!" Er kontrollierte die Aufnahmen. Zum Glück fehlten ihm nur 10 Minuten. Seit nunmehr einem Jahr observierte die Pforzheimer Kriminalpolizei das Sportstudio von Heiko Heller.

Von der gegenüberliegenden Wohnung auf der anderen Straßenseite hatten die Beamten einen direkten Blick in den Eingangsbereich des Fitnessclubs. Sie wussten genau, wer dort ein- und ausging und wie lange jeder blieb. Außerdem hatten sie seit knapp fünf Monaten zwei verdeckte Ermittler in das Studio eingeschleust, Telekommunikationsüberwachung inklusive. Darüber hinaus wurden die Kennzeichen der vor dem Studio abgestellten PKW überprüft, sowie deren Halter.

Es war Anfang 1997. In Kürze würde die Pforzheimer Polizei den Fall an die Landespolizeidirektion Karlsruhe übergeben müssen, weil der „Fall Heiko" eine Nummer zu groß geworden war. Die Kollegen dort waren einfach fachkompetenter, wenn es um die Sachbearbeitung von Betäubungsmitteldelikten in diesem Ausmaß ging. Zwei Tonnen Kokain sollten in nächster Zeit von Brasilien den Seeweg über den Atlantik mit Ziel Kroatien antreten. Von dort sollte der Millionendeal auf dem Landweg nach Holland gebracht werden. Heiko war bei Polizei und Staatsanwaltschaft einschlägig bekannt. Doch noch hielten sich die Beamten zurück. Denn bald schon sollte der große Coup starten und dann sollte es dem deutschen Drogenbaron richtig an den Kragen gehen. *„Dafür wird er sitzen und zwar jahrelang!", war Becker sich sicher.*

5. KEBAB FÜR BRASILIEN

Seit einer halben Stunde war ich wieder in meinem Element. Hier im Fitnessstudio standen mir auf 400 Quadratmetern Fitnessgeräte und Hanteln in allen Größen zur Verfügung, um meinen Körper zu stählen. Auf einen Zuwachs von Kraft legte ich dabei als Bodybuilder weniger Wert. Ich wollte meinen Körper modellieren: Auf die Masse kam es mir an. Und so achtete ich darauf, dass ich zwischen den ständigen Wiederholungen der Trainingssätze auch die notwendigen Erholungspausen einlegte. Heiko hatte mich eindringlich davor gewarnt, meinen Körper zu hart zu trainieren. Das wäre kontraproduktiv und würde am Ende gar zu einem Muskelabbau führen. Ich ließ meine Muskeln spielen und betrachtete mich dabei in den überall montierten Spiegeln.

„Nicht übel, Großer!", rief Heiko mir im Vorbeigehen zu, blieb kurz vor seiner Bürotür stehen, drehte sich um und gab mir mit einem Wink zu verstehen, ihm in sein Büro zu folgen.

Er schloss die Tür hinter mir und bot mir einen Sitzplatz an. Etwas merkwürdig kam er mir vor, so als wolle er mir irgendeine offizielle Mitteilung machen. In seinem Büro hatte ich noch nicht oft gesessen. Meistens hielten wir uns im Gerätebereich auf, laut prahlend, schwitzend und schmutzige Witze reißend. Mein Blick glitt durch den Raum: Klein war er und ein wenig zu schlicht, wie mir schien. Das passte eigentlich gar nicht zu meinem sonst so luxusbegeisterten Freund. Komisch, dass mir das noch nicht früher aufgefallen war.

An der Wand hingen Poster von Bodybuildern. Vince Gironda … der musste doch mittlerweile auch schon an die 80 sein. Was für ein Wegbereiter! Dorian Yates, der seit 1992 bis heute, Anfang 1997, bereits viermal Mr. Olympia geworden war. Arnold Schwarzenegger, Lou Ferigno …

Heiko unterbrach meinen Gedankenfluss. Mit leuchtenden Augen erzählte er mir von seiner neuen Geschäftsidee: Kebab nach Brasilien! Eine Imbisskette wolle er dort aufbauen, die Südamerikaner auf den Geschmack von Döner bringen und ganz groß in das Fastfood-Geschäft dort einsteigen. Aus seiner Schublade zog er die Entwürfe des Logos: Ein fünfzackiger, blauer Stern auf gelbem Grund mit einem gelben Q in der Mitte des blauen Sterns. Q für Quebape. Und da war sie wieder, die Seelenverwandtschaft. Ich war begeistert! Von der lukrativen Idee, von meinem großartigen Freund und von der Erfolg versprechenden Aussicht, zu neuen Ufern aufbrechen zu können! Endlich raus aus der Prüderie Pforzheims, weg von den kleinkariert denkenden Deutschen, ein für alle Mal meine Beziehungskisten, die einen am Ende doch nur unglücklich machten, hinter mir lassen. Es war, als würde mir plötzlich die Welt offen stehen. Brasilien war Musik in meinen Ohren.

Er habe ein Startkapital von 35.000 D-Mark zusammenkratzen können und wollte wissen, wie viel ich denn beisteuern könne. 4.000 D-Mark waren zwar nicht viel, aber immerhin besser als gar nichts. Er habe Beziehungen in Brasilien, die uns bei der Geschäftsgründung von Nutzen sein würden. Südamerika sei durch und durch korrupt und ohne Vitamin B laufe dort nichts. Ob ich bereit sei, mit ihm das Wagnis einzugehen? Einen Augenblick zögerte ich, doch dann schlug ich ein. Ich hatte nichts zu verlieren, ganz im Gegenteil: Mal sehen, was sich daraus entwickelte. Abenteuerlust erfasste mich, Vorfreude auf das Unbekannte, und ich dachte an Sonne, Sand und Samba. Das musste gefeiert werden – mit einer Straße Koks.

6. FLUGHAFEN AMSTERDAM SCHIPHOL

„Zielpersonen stellen gerade ihr Auto im Parkhaus ab!" Pause. *„Zielpersonen betreten das Flughafengebäude. Übernehmen nun die Kollegen?"* *„Kollegen übernehmen. Danke und gute Heimreise!"*

Bei der Einsatzzentrale am Flughafen Amsterdam Schiphol liefen alle Informationen zusammen. Es war der 07.05.1997, kurz nach 10.00 Uhr. Die Landespolizeidirektion Karlsruhe hatte mittlerweile den „Fall Heiko" von der Pforzheimer Polizei übernommen. Zusammen mit dem Zollfahndungsamt Karlsruhe stellten sie nun die „gemeinsame Ermittlungsgruppe Rauschgift", die in enger Zusammenarbeit mit der niederländischen Polizei diesen Tag X bis ins Detail vorbereitet hatten.

Seitdem die zu observierenden Personen Heiko Heller und Thomas Milleker ihre Wohnungen verlassen hatten, wurden sie von den ihnen folgenden Kriminalbeamten nicht mehr aus den Augen gelassen. 470 Fahrkilometer lagen bereits hinter den beiden Ahnungslosen und auch hinter den zwei Polizisten, die ihren Job schließlich am Flughafen Schiphol unter „keine besonderen Vorkommnisse" abhaken und wieder zurück nach Karlsruhe fahren konnten.

„Zielpersonen gehen zum Schalter." Überall klickten die Auslöser der verdeckt ermittelnden Beamten. *„Zielpersonen gehen zum Gate, setzen sich hin und warten. Flug geht in zwei Stunden."*

Der Einsatzleiter saß in der Schaltzentrale des Video-Über-wachungssystems und war mit seinen Beamten per Funk ver-bunden. Er hatte Gate B27 auf einem Bildschirm genau im Blick. Einen Zugriff würde es hier am Flughafen nicht geben. Die Zielpersonen sollten allerdings weiterhin genauestens beobachtet werden, um mögliche andere Kontaktpersonen identifizieren zu können. Mit der portugiesischen Airline TAP wollten Heiko und Thomas heute über Lissabon nach Recife in Brasilien fliegen. Das hatten die in das Fitnessstudio eingeschleusten V-Männer herausgefunden.

„Achtung! Ein unbekannter Mann nähert sich den Zielpersonen. Heller weist Milleker an, seinen Platz zu verlassen und außer Hörweite zu gehen. Milleker kommt Anweisung nach."

Der Einsatzleiter hörte die Kommentare seiner Kollegen per Funk und beobachtete die Szenerie am Videobildschirm. Per Zoom sah er sich den Gesprächspartner von Heller genauer an und staunte nicht schlecht. „Ach ne, hier haben wir ja auch den Dutch Drogenbaron! Dich kriegen wir auch noch, du Hollän-discher Schneekönig!"

Klick, klick, klick machten die unzähligen Kameras der verdeckten Beamten, die alles genauestens beobachteten und nun auch die notwendigen Beweise mit nach Deutschland bringen konnten. Doch von all dem hatte Thomas Milleker nicht die leiseste Ahnung.

7. ENTHÜLLUNG

Mit meinem Fensterplatz war ich richtig glücklich. Der Start war ein erhebendes Gefühl; wie man zuerst durch die Beschleunigung in den Sitz gedrückt wird, um dann gleich darauf völlig losgelöst und frei über den Wolken zu schweben. Ach, das Leben konnte schön sein. Einen letzten Blick warf ich noch auf Amsterdam, bevor die Wolkendecke unter uns die Sicht vollends versperrte und gleißendes Sonnenlicht unser Flugbegleiter wurde. „Über den Wolken muss die Freiheit wohl grenzenlos sein. Alle Ängste, alle Sorgen sagt man, blieben darunter verborgen und dann …", summte es in meinem Kopf und ich lehnte mich zurück.

Heiko hatte für uns beide zwei doppelte Whiskeys bestellt. Wir prosteten uns zu und der Alkohol brannte sich die Kehle hinunter. Gerade wollte ich mich meinen Tagträumen hingeben, als mein Freund das Gespräch eröffnete. Obwohl, sagte ich Gespräch? Es war doch mehr ein Monolog, den er in der nächsten halben Stunde hielt. Er wolle mit mir reden, meinte er, weil er mir etwas Wichtiges zu sagen habe. Mit einem Mal war ich hellwach. Irgendetwas an der Art, wie er mit mir sprach, ließ meine inneren Alarmglocken läuten. Er habe mir nicht die ganze Wahrheit gesagt, als es um Brasilien ging, wolle aber nun doch reinen Tisch machen.

Und dann öffnete er das ganze Fass seines Lebens und mir war, als würde ich von dem Schwall, der nun folgte, ergriffen und hinweggeschwemmt. Er sei ein Drogenhändler, der bereits laufende Geschäftsbeziehungen in Brasilien habe. Er habe im letzten Jahr schon mehrere Drogenkuriere zwischen Recife und Amsterdam eingesetzt, um herauszufinden, ob die Route clean sei oder ob die Polizei ihnen auf die Spur kommen würde. Die Testpersonen hätten kleine Drogenlieferungen von Brasilien nach Holland gebracht und wären nie dabei erwischt worden. Ja, und wenn sie doch von der Polizei geschnappt worden wären? Nun, dann hätten sie wohl Pech gehabt, erklärte mir Heiko und fügte lachend hinzu: „Das ist das Risiko des Lebens!"

Und der Mann, mit dem er noch kurz im Amsterdamer Flughafen gesprochen habe, sei der Holländische Schneekönig gewesen, der die Lieferung in den Niederlanden dann in Empfang nehmen würde. Ein sehr erfahrener und erfolgreicher Drogenbaron!

Wo war der Boden unter meinen Füßen? Ich sank innerlich immer tiefer und suchte nach Halt. Irgendwie hatte ich schon geahnt, dass es hier auch um Drogen ging. Und doch hielt ich den Traum von einer Kebab-Kette in Brasilien immer noch für eine grandiose Geschäftsidee, die ich eigentlich gerne verwirklichen wollte.

Das sollte alles nur Tarnung gewesen sein? Trotz meiner Vorahnung war ich enttäuscht und mein Traum zerplatzte wie eine Seifenblase. Gut, dass mein Freund kein Unschuldslamm war, war mir ja klar gewesen. Auch ich war kein Kind von Traurigkeit, aber war er wirklich ein abgebrühter Drogenbaron im großen Stil? Ich suchte in Heikos Gesicht nach einer Antwort. Seine Züge verhärteten sich und die Geldgier starrte mir aus seinen Augen entgegen. Es ginge um zweihundert Millionen D-Mark, machte er mir klar, und ich musste schlucken. Hatte ich richtig gehört? Ich versuchte mir die Nullen vorzustellen: 200.000.000,00! Mir wurde schwindelig und im selben Moment hatte die Geldgier mich angesteckt – eine schreckliche Krankheit, die, wenn sie nicht richtig behandelt wird, zum Tod führen kann.

Der Holländer am Flughafen Schiphol sei der niederländische Drahtzieher gewesen, gegen den die holländischen Behörden wohl bereits 1989 wegen der illegalen Einfuhr von 200 Kilo Kokain ermittelt hätten. Er habe sich aber mittlerweile ein so klug durchdachtes Lügengeflecht zusammengesponnen, dass ihm niemand etwas nachweisen könne. Heiko lachte laut auf und ich lachte mit. Wir lachten und lachten und lachten: Über die dummen holländischen Behörden, über zweihundert Millionen D-Mark und über die Tatsache, dass ich nun vollends Bescheid wusste. Heikos Skrupellosigkeit stand mir direkt vor Augen und ich stand vor der Frage, ob ich bei diesem Jahrhundertdeal mitmachen wollte. Ich ließ mich darauf ein, in schwindelerregender Höhe, über den Wolken, wo die Freiheit grenzenlos schien. Doch dass Reinhard Mey mit seinem Lied vollauf recht behalten würde, erlebte ich, als alle Ängste und alle Sorgen uns in Recife bald schon wieder einholten.

8. ANGEKOMMEN

Am Strand Boa Viagem in Recife erwartete uns das Luxushotel Atlante Plaza. Heiko hatte natürlich das beste Hotel am Platz gebucht. Das entspräche seinem Standard, wie er mir laut verkündete, mit großem Fitnesscenter und einem Spa- und Wellnessbereich, der selbst unter anderen 5-Sterne-Nobelherbergen seinesgleichen suchen würde. Für einen Augenblick dachte ich an sein lächerlich kleines Büro, aber das hatten wir ja knapp 8000 Kilometer hinter uns gelassen.

Der Rezeptionsbereich erinnerte an eine gläserne Kathedrale, so großzügig und weiträumig war er geschnitten. Das Meeresrauschen war zu hören und obwohl es bereits 3 Uhr nachts war, hatten wir noch angenehme 30 Grad. Langsam entspannte ich mich.

In der Lobby saßen ein paar übernächtigte Gäste, die bereits zu tief ins Glas geschaut hatten. Eine Frau kicherte ununterbrochen vor sich hin und ließ sich leicht torkelnd von ihrem Begleiter zum Fahrstuhl führen. Ein Mann stand von seinem Barhocker auf und kam auf uns zu. Heiko ging ihm strahlend entgegen und begrüßte ihn herzlich. Ich wusste zwar nicht, wer er war, wunderte mich aber mittlerweile über nichts mehr. Ich hatte mir fest vorgenommen, die Dinge so zu nehmen, wie sie kamen, und eines dabei nicht zu vergessen: Ich wollte mein Leben genießen!

Heiko stellte mir unseren „Kollegen" vor, einen Surinamesen mit Namen Melvin, der Großdealer war und ebenfalls aus Holland kam. Er sollte uns helfen, ein geeignetes Haus zu finden, von wo aus wir ungestört unseren Geschäften nachgehen konnten. Melvin sprach fließend Portugiesisch und Englisch und kannte sich vor Ort bestens aus. Noch schnell einen Begrüßungsdrink und dann ging jeder auf sein Zimmer, oder besser gesagt, in seine Gemächer. Ein Traum! Geräumig mit einem riesigen Fernseher, Ledersitzgarnituren, einer Minibar, die man eher als Maxibar hätte bezeichnen können, einem Bett, in dem man alleine verloren gehen konnte, und einer Terrasse, die mir freien Blick auf den Atlantik bot. Schwarz und drohend lag er vor mir, doch morgen war ein neuer Tag und auf den freute ich mich. Kaum hatte mein Kopf das Kissen berührt, war ich auch schon eingeschlafen.

9. PLÄNE SCHMIEDEN

Beim Frühstück am nächsten Morgen auf der Restaurantterrasse direkt am Pool kam bei mir so richtig Urlaubsstimmung auf. Die Sonne brannte schon ganz schön heiß, obwohl es gerade erst 9.30 Uhr war. Für mich als Mitteleuropäer war das sehr ungewöhnlich, zumal es von der Jahreszeit her hier in Brasilien fast Winter war.

Das Buffet ließ keinen Wunsch offen. Es gab alles, was das Herz begehrte, und selbst der Kaffee schmeckte vorzüglich. So ließ ich mir das Leben schmecken, aber leider nur wenige Augenblicke. Denn sobald Heiko und Melvin auf der Bildfläche erschienen, ging es ums Geschäft. Heute wollten wir uns verschiedene Häuser in der Umgebung von Recife ansehen. Melvin hatte hier bereits eine Vorauswahl getroffen.

Und dann hörte ich zum ersten Mal den Plan, wie insgesamt zwei Tonnen Kokain nach Deutschland geschmuggelt werden sollten: Eine Planierraupe sollte gekauft werden, deren Rahmen aufgeschweißt, mit Kokain gefüllt und wieder verschweißt werden sollte. Dazu hatte Heiko bereits zwei Schweißer-Kollegen engagiert, die abrufbereit in Holland auf ihren Einsatz warteten und sich, sobald wir die Raupe hatten, in das nächste Flugzeug nach Recife setzen würden. Das präparierte Baufahrzeug sollte dann als Hilfsgut deklariert werden, um so zu Aufbauzwecken ins ehemalige Jugoslawien verschifft werden zu können. Mir blieb der Mund offen stehen. Heiko war ein echter Fuchs und hatte wirklich an alles gedacht.

Dafür bewunderte ich ihn.

Zuerst ging es zu Hausbesichtigungen auf die nahegelegenen Hügel des brasilianischen Berglandes, nur wenige Kilometer ins Landesinnere hinein. Das sei viel zu weit ab vom Schuss, schimpfte Heiko. Auch die Häuser zwischen den Zuckerrohrplantagen gefielen ihm nicht, auch wenn der Anblick des tiefgrünen und äußerst fruchtbaren Hinterlandes nahezu paradiesisch war.

Ich genoss die Fahrt in unserem gemieteten Chevrolet. Wir fuhren entlang des Capibaribe-Flusses, der hier in Recife in den Atlantik mündet und bereits einen Weg von rund 240 Kilometern hinter sich hat. Auch weitere Flüsse und ein Kanal prägen das Stadtbild. „Man sagt, Recife sei das Venedig des Südens", erzählte Melvin und machte mit uns neben den Häuserbesichtigung auch gleichzeitig eine Stadtrundfahrt. Dass er in Brasilien schon öfters Auto gefahren war, merkte man direkt. Er fuhr nach der Devise: Wer zuerst fährt, hat Vorfahrt, und wer zuerst fährt und dabei hupt, braucht gar nicht mehr nach rechts und links zu schauen. Ich versuchte, mich weder auf Melvins brasilianische Fahrweise noch auf den lauten und stinkenden Straßenverkehr zu konzentrieren, sondern die Schönheit der Umgebung in mich aufzusaugen und zu genießen.

Ein Haus als Geschäftszentrale fanden wir an diesem Tag nicht, aber eine Planierraupe, die Melvin auf dem entlegenen Gelände einer Werkstatt entdeckt hatte. Wir wurden mit dem Besitzer schnell handelseinig und somit konnten wir diesen Tag doch noch unter „erfolgreich" verbuchen. Das müsse gefeiert werden, schlug Heiko vor. Am schönsten Strand der Stadt, dem Praia da Boa Viagem, mit seinen ausgezeichneten Fischrestaurants und den exklusiven Partylokalen. Doch irgendwie hatte sich Unruhe in mir eingenistet und ich konnte noch nicht einmal erklären, warum. Sie war einfach da und trieb mich buchstäblich aus unserem 5-Sterne-Hotel Atlante Plaza hinaus: Sobald wir bei unserer Nobelherberge angekommen waren, packte ich meine Sachen und zog in das einige Kilometer entfernt gelegene Shelton Inn Mar Hotel um. Heiko und der Surinamese fassten sich an den Kopf und fragten sich, ob mir die Sonne ein paar Gehirnzellen zu viel weggebrannt habe, aber das war mir egal. Eine für mich bis dahin namenlose, unsichtbare Fügung geleitete mich zu meiner neuen Unterbringung, und das sollte im Nachhinein auch mein Glück sein.

10. ZUGRIFF

Ich saß auf meinem Bett und wartete auf Heikos Anruf. Irgendwann zwischen 9.00 und 9.30 Uhr wollte er mich in meinem neuen Hotel kontaktieren, um mit mir zu besprechen, wie wir nun weiter vorgehen wollten. Es war Freitag, der 09.05.1997, und dieses Datum sollte sich tief in mein Gedächtnis einbrennen.

Von meinem Bett aus konnte ich das Meer sehen. Ruhig lag der Atlantik vor mir, der tiefblaue Himmel spiegelte sich auf der Wasseroberfläche. Recife … Der Name der Stadt bedeutet „Riff". Parallel zur Atlantikküste ziehen sich Muschel- und Korallenriffe hin, durch die die Wellen in ihrer Wucht abgebremst werden. So bildet sich ein natürliches Becken, das auf der anderen Seite vom Strand begrenzt wird und sich wunderbar zum Schwimmen in ruhigem Wasser eignet. Nach dem Telefonat würde ich baden gehen, nahm ich mir vor.

Das Telefon klingelte. In seiner gewohnt lässigen Art erzählte Heiko mir, dass ich mich bereithalten solle. Melvin würde mich abholen, weil wir eine Aufgabe zu erledigen hätten. Ein Sportgerät solle zur Post gebracht werden, damit es von dort nach Amsterdam versandt werden könne. Ein sehr wertvolles Gerät wäre es, das unseren persönlichen Begleitschutz bis zum Postamt brauche, erklärte er mir und wir beide lachten. Nur zu gut wusste ich ja nun, dass es ganz sicher mit weißem Pulver gefüllt sein würde. Welchen Wert der Inhalt habe, wollte ich noch wissen. Im Vergleich zu dem ganz großen Deal, den wir mit der Planierraupe angehen wollten, hätten wir es bei diesem Paket mit Peanuts zu tun, erklärte Heiko. Das zu transportierende Sportgerät enthalte 14 Kilogramm Kokain zu einem Marktwert von mindestens 1,5 Millionen D-Mark. Pause. Die Information musste erst einmal sacken. Ich schnappte nach Luft, räusperte mich und antwortete mit fester Stimme: „Na, dann wollen wir mal!"

Schade, mit Schwimmen würde es dann wohl erst einmal nichts werden.

Ich zog mich an. Das etwas zu enge T-Shirt spannte an meinen muskulösen Oberarmen. Nicht schlecht, dachte ich. Meine Jeans brachte meine schmalen Hüften gut zur Geltung und ich fühlte mich rundum gut. Durch den gestrigen Tag hatte ich auch schon ein wenig Farbe im Gesicht. Eher rötlich zwar, aber der Sonnenbrand hielt sich noch in Grenzen.

Melvin wartete schon auf der Hotelauffahrt in einem Taxi, als ich zehn Minuten später hinunterkam. Eine kurze Begrüßung und los ging es. Wir hatten ja einen Auftrag zu erledigen. Im Kofferraum klapperte das Sportgerät unaufhörlich und wackelte in dem Karton, in den man es verpackt hatte, haltlos hin und her. So wird es viel zu viel Aufsehen erregen, sagte ich zu dem Surinamesen und schlug vor, es noch mit Klebeband zu umwickeln.

Melvin wies den Taxifahrer an, beim nächsten Einkaufszentrum anzuhalten, um Paketband kaufen zu können. Zuerst überlegten wir, das Fitnessgerät noch auf dem Kundenparkplatz versandbereit zu machen, verwarfen den Gedanken aber schnell, weil es uns zu auffällig erschien.

Nach kurzer Wegstrecke kam eine Tankstelle auf der rechten Seite, mitten auf einem großen, betonierten Platz. Wir baten den Taxifahrer, rechts ranzufahren. Der Platz vor der

Tankstelle war gut belebt. Einige Autos parkten dort, andere wurden gerade an den Tanksäulen mit Benzin gefüllt. Hinter uns fuhr eine Kolonne Fahrzeuge auf den Rastplatz.

Melvin blieb sitzen und ich ging mit dem Klebeband zum Kofferraum, machte ihn auf und holte den hüfthohen Karton mit dem Sportgerät heraus, um ihn besser umwickeln zu können. Was dann geschah, passierte in solch einer rasenden Geschwindigkeit, dass mir kaum Zeit zum Luftholen blieb:

Plötzlich waren wir die Hauptfiguren eines Polizeieinsatzes. An die 50 brasilianische Polizeibeamte hatten uns umstellt, ihre MPs und Pistolen im Anschlag. Sie trugen Sturmhauben und schusssichere Westen und ich war mir mit einem Mal nicht mehr sicher, ob ich hier aus Versehen in Filmaufnahmen hineingeraten war oder ob dieser polizeiliche Übergriff real war.

Melvin wurde aus dem Auto gezerrt, sofort zu Boden gebracht und der Taxifahrer angeschrien, er solle aus dem Schussfeld verschwinden. Jemand warf mich zu Boden und fixierte mein Gesicht auf dem heißen Beton. „When you move, I shoot you!", brüllte mich der Polizist an, der mir gerade seine Pistole an die Schläfe hielt. Doch selbst wenn ich gewollt hätte, hätte ich mich gar nicht bewegen können. Ich stand völlig unter Schock. Wo waren denn mit einem Mal die Polizeibeamten hergekommen? Woher wussten die überhaupt … In meinem Kopf drehte sich alles und mein Empfinden schaltete auf Zeitlupe.

Melvin und ich wurden in zwei verschiedene Polizeiwagen gezwängt. Ich wurde rechts und links von zwei Beamten eingequetscht, die mit Handschellen an mich gekettet waren. Hoffentlich haben sie Heiko auch verhaftet, dachte ich noch. Denn auf keinen Fall wollte ich hier in Brasilien alleine verrotten.

11. ZWISCHENSTATION

Seit der Landung von Milleker und Heller am Guararapes International Airport von Recife waren die beiden unter ständiger Beobachtung gewesen. Die Policia Federal arbeitete eng mit der deutschen Polizei zusammen, um die mutmaßlichen Drogendealer im rechten Augenblick mit dem richtigen Stoff auf frischer Tat zu ertappen und dingfest zu machen. Zivilbeamte hatten bei der Ankunft im Atlante Plaza im Foyer gesessen, die Begegnung mit Melvin notiert, die Telefonate abgehört, waren ihnen bei der Suche nach einem Haus und der Planierraupe in angemessenem Abstand durch die ganze Stadt gefolgt, hatten mit Verwunderung vermerkt, dass Milleker sich ein anderes Hotel suchte, und brachen in Jubel aus, als sie von der anstehenden Postsendung hörten.

Im Detail wurde der Zugriff geplant, nur den Ort des Zugriffs mussten sie dem Zufall überlassen. Dass die beiden Verdächtigen sich ausgerechnet den perfektesten Platz weit und breit für die Überwältigung ausgesucht hatten, war das Sahnehäubchen in ihrem Kampf gegen das Drogengeschäft.

So war es Thomas Milleker, der an diesem Tag als Drahtzieher und Drogenboss galt und den brasilianischen Behörden ins Netz ging, denn der hatte immerhin das Paket in den Händen gehalten, als der Zugriff erfolgte. Als seine Komplizen galten demnach Melvin, aber auch Heiko Heller, der zeitgleich am Strand beim Joggen verhaftet wurde. Die Urlauber staunten nicht schlecht, als etwa 30 Polizisten den Strand stürmten, um dem so sympathisch wirkenden Deutschen bei seinen Leibesübungen die Handschellen anzulegen.

Heiko Heller hatte der Welt zwar auch an diesem Tage bewiesen, dass er ein kluges Köpfchen war, als er wohl berechnend Melvin und Thomas als Drogenkuriere eingesetzt hatte, damit seine weiße Weste keinen Graustich bekam. Doch hatte er dabei die Rechnung ohne die deutsche Kriminalpolizei gemacht, die die brasilianische Miliz im Detail über Hellers Aktivitäten im Drogengeschäft auf dem Laufenden gehalten hatte. Das alleine reichte schon aus für eine Verhaftung in Brasilien.

Alle Polizeiwagen sammelten sich in der Tiefgarage des Hotels Atlante Plaza. Milleker, Melvin und Heller wurden einzeln in unterschiedliche Polizeiwagen verfrachtet. Diese drei Autos wiederum wurden von weiteren Milizfahrzeugen umschlossen und begleitet, damit die Gefangenen ohne weitere Zwischenfälle ins Polizeipräsidium gebracht werden konnten.

Bei etwa 50 °C Auto-Innentemperatur wurde Thomas Milleker langsam klar, in was für eine Lage er sich hier selbst gebracht hatte. Nur einen einzigen Tag hatte er in Brasilien in Freiheit verbracht und die Erinnerung daran war das Einzige, was ihm von seinem Aufbruch zu neuen Ufern geblieben war. Was erwartete ihn jetzt? Er warf noch einen letzten Blick aufs Meer, bevor die Polizeikolonne in Richtung Polizeipräsidium Policia Federal von der Strandallee abbog.

12. POLICIA FEDERAL

Die Autokolonne fuhr in den Polizeihof ein, der von einer hohen Mauer und Stacheldraht umgeben war. Das riesige Tor schloss sich hinter uns. Wir drei wurden wie Schwerverbrecher aus den Autos gezerrt und vor eine Wand gestellt. „Hallo, ich bin eigentlich nur ein arbeitsloser Handwerker aus Pforzheim, der bisher in seinem Leben noch nie mit dem Gesetz im Konflikt war", wollte ich am liebsten rufen, doch wen hätte das jetzt interessiert? Die Fakten waren für die Polizisten eindeutig: Ich hatte bei dem Zugriff gerade das Sportgerät in der Hand gehabt und somit war ich in den Augen der Policia der Drahtzieher – ein Schwerstverbrecher also!

Zwanzig Polizisten standen im Abstand von fünf Metern vor uns in einer Reihe. Wie ein Exekutionskommando, dachte ich. Zwanzig Gewehrmündungen waren auf uns gerichtet. Zwischen den Polizisten und uns befand sich auf dem Boden liegend das Paket. Ein Polizist ging ins Haus, um eine Bohrmaschine zu holen. Die Sonne brannte unbarmherzig auf uns herab und mir lief der Schweiß. „Wann wache ich aus diesem Albtraum wieder auf?", fragte ich mich immer wieder.

Das Paket wurde ausgepackt und ein Stepper kam zum Vorschein. Die Bohrmaschine wurde angesetzt und der Bohrer kreischte. Plötzlich brach lauter Jubel unter allen anwesenden Polizisten aus. Sie schrien und rissen ihre Arme in die Höhe, in der einen Hand das Gewehr und die andere zur Siegerfaust geballt: Aus dem Bohrloch rieselte leise der Schnee, weißes Pulver, Kokain, und ich fragte mich, ob dies nun mein Todesurteil war.

Während sich mein Blick schon langsam verdunkelte, schaute Heiko immer noch siegessicher in die Runde. Ihm konnte ja keiner etwas nachweisen. Was hatte er schon mit diesem Paket zu tun? Nichts! Deshalb würde er sicherlich schon bald wieder freikommen.

Wir wurden ins Gebäude geführt, Treppe hoch, jeder in einen separaten Raum. Natürlich immer mit einem Polizisten, der in der Ecke stand und unaufhörlich seine Waffe auf uns gerichtet hielt. Und dann begann die Verhör-Tortur. Dreizehn Stunden am Stück wurden wir befragt, gedemütigt, unter Druck gesetzt und bedroht, ohne Essen und mit nur wenig Wasser, das wir in Abständen vorgesetzt bekamen. Ich fragte nicht danach, woher das Wasser kam, sondern schüttete es einfach in mich hinein. Im Grunde wollte ich es auch gar nicht wissen, denn das trübe Gesöff sprach seine eigene Sprache. Doch mein Durst war höllisch. Vielleicht wollen die uns ja auch mit verunreinigtem Wasser absichtlich krank machen, schoss es mir durch den Kopf.

Sie bombardierten mich mit Fragen über Fragen und die ganze Kommunikation lief auf Englisch. Ich versuchte so gut ich konnte zu erklären, dass ich eigentlich ein netter Kerl war, ein unbeschriebenes Blatt, etwas naiv zwar, aber im Grunde niemandem etwas Böses wollte. Dass ich hier in etwas hineingeschlittert war, das ich mir vor einer Woche selbst noch nicht hätte vorstellen können. Doch es war, als spräche ich mit einer Wand, an der alles abprallte.

Spät abends wurden wir dann in eine Zelle geführt, in der wir drei für weitere zwei Tage zusammen eingekerkert blieben: Ohne Stuhl, ohne Tisch, ohne Bett, ohne Waschgelegenheit, in der Ecke ein Loch, in das man seine Notdurft verrichten musste. Völlig erschöpft schauten wir uns nur an, kraftlos, zu müde, um noch miteinander zu reden. Jeder von uns bekam einen Teller Reispampe mit Bohnen vor die Füße gestellt. Alleine der Anblick verursachte in mir Übelkeit. Oder war es das Wasser, das langsam seine krankmachende Wirkung zeigte? Wortlos legten wir uns auf den nackten Steinfußboden, um etwas Ruhe zu finden.

Ein unruhiger Schlaf übermannte mich: Dämonen mit hässlichen Fratzen hielten mir Messer an die Kehle und zwangen mich, in ein trübes Gewässer voller Blutegel zu springen. Die saugten mir das Blut aus und mit dem Lebenssaft wich langsam, aber sicher auch die Hoffnung. Hilflos bemerkte ich, wie die Dämonen am Ufer mir tatenlos beim Sterben zusahen, laut lachend, sich die Hände reibend, einen Freudentanz aufführend und mit kreischender Stimme Hurra schreiend. Überall lag Schnee. Ein riesiges Tier biss mir in den Nacken und zog mich in die dunkle, endlose, bodenlose Tiefe. Mit letzter Kraft griff ich nach hinten und versuchte mich aus dem Biss des Ungeheuers zu befreien … Vergeblich! Ich wachte auf. Ein Wärter hatte mich am Nacken gepackt und zwang mich, mit ihm zu gehen.

13. HAUSDURCHSUCHUNG

Die Nachbarin der Familie Milleker hatte eine Freundin, die fast jeden Tag zu Besuch kam. Diese traute ihren Augen nicht, als sie am 10.05.1997 um 17.45 Uhr aus dem Küchenfenster schaute. Auf der anderen Straßenseite, vor dem Haus der Familie Milleker, standen gerade etwa zehn Polizeibeamte und diskutierten. Schnell strich sie sich ihre Bluse glatt, zupfte mit den Fingern ihre Dauerwellenlocken zurecht, räusperte sich und eilte hinaus. Das wollte sich die neugierige Dame ganz bestimmt nicht entgehen lassen. Endlich war mal etwas los in dieser sonst so ruhigen Nachbarschaft, in der sie sich fast wie zu Hause fühlte. Irgendjemand musste diesen netten Beamten ja weiterhelfen. Und da ihre Freundin gerade mit dem Hund unterwegs war, war dies wohl ihre Aufgabe.

„Kann ich Ihnen vielleicht helfen?", flötete sie dem Beamten ins Ohr, der ihr am nächsten stand und der mit den anderen gerade beratschlagte, wie sie am besten zur Hausdurchsuchung in die Wohnung eindringen könnten. Ohne eine Antwort abzuwarten, fuhr sie fort:

„Also, das ganze Haus gehört dem Ehepaar Anton und Ruth Milleker!" Sie gab ihrer Stimme einen wichtigen Tonfall. „Die wohnen aber momentan auf La Palma, einer der kanarischen Inseln, nicht zu verwechseln mit Palma de Mallorca, was ja die Hauptstadt von Mallorca ist, wenn sie verstehen, was ich meine." Dabei kicherte sie etwas nervös, denn plötzlich waren die Beamten verstummt, schauten erst einander etwas verwirrt an, bevor sich alle Blicke auf die Frau richteten.

„Ach, ich habe mich gar nicht vorgestellt. Ich bin die Freundin der Nachbarin von dort drüben und ich hatte eben durch das Küchenfenster alles gut im Blick!" Nervös strich sie sich eine Locke aus dem Gesicht.

Der Polizeioberinspektor aus Karlsruhe vom Drogendezernat ergriff freundlich das Wort, stellte sich vor, erklärte, dass die Wohnung von Thomas Milleker durchsucht werden solle.

Das klang spannend und die Gelegenheit wollte sie sich ganz bestimmt nicht entgehen lassen. Sie redete ohne Punkt und Komma: „Wenn Sie wollen kann ich Sie begleiten ich bin sehr gut mit den Millekers befreundet und kenne mich bestens in den Wohnungen aus also die Wohnung ganz oben ist an einen jungen Mann vermietet der meistens nicht da ist in der mittleren Wohnung wohnt eine alleinstehende Frau die mir einen sehr guten Eindruck macht und ganz unten das ist die Wohnung von Herrn und Frau Milleker die aber zur Zeit von ihrem Sohn Thomas bewohnt wird der aber momentan nicht da ist ja ich habe ihn seit ein paar Tagen nicht mehr gesehen." Punkt. Frau Nachbarin holte tief Luft. Ihr Gesicht hatte sich bei der Ansprache etwas gerötet.

„Haben Sie einen Schlüssel für die untere Wohnung?", wollte der Polizeioberinspektor wissen.

„Ach, den brauchen Sie nicht! Der Thomas schließt nie ab. Hier auf dem Lande wird nichts geklaut. Da herrscht noch Vertrauen in die Nachbarschaft!" Und bei diesen Worten schob sie ihr Kinn ein wenig vor und war innerlich schon ein bisschen stolz auf das, was sie eben gerade sagen konnte – auch wenn sie nur die Freundin der Nachbarin war.

„Gut, begleiten Sie uns gerne. Hat Thomas Milleker noch Familie im Ort?"

„Also, er hat noch vier Geschwister, die Eva, den Christoph, den Michael und die Daniele, aber wo die sich alle gerade aufhalten, da bin ich überfragt."

„Dann wollen wir mal!", befahl der Oberinspektor seinen Leuten und die zehn Beamten marschierten auf den Eingang zu, Frau Nachbarin im Schlepptau. Es wäre doch gelacht, wenn sie bei dieser Hausdurchsuchung nichts finden würden.

14. OHNE WAHL

Der Beamte zerrte mich wieder in den Verhörraum. Ich blinzelte geblendet ins Neonlicht. Wie spät war es? An der Wand hing eine Uhr. Kurz nach Mitternacht. Auf dem Schreibtisch lagen meine Lederhandschuhe. Daneben auf dem Fußboden stand meine Reisetasche mit meinen Habseligkeiten.

Er erklärte mir, sie hätten unsere Hotelzimmer durchsucht und unsere Sachen mitgebracht. Das Hotel würden wir nun ja viele, viele Jahre nicht mehr zu Gesicht bekommen. Und dabei lachte er so hämisch, dass es mir in den Ohren klingelte. Er sagte, sie hätten in Melvins Zimmer einige Kilogramm Kokain gefunden und das würde unsere Lage nun noch erheblich verschlechtern. Besonders meine, da ich ja der Drahtzieher von allen sei.

Mir wurde schwindelig und für einen Moment dachte ich, ich müsste vom Stuhl kippen. Das Neonlicht drehte sich scheinbar im Kreis und mein Magen auch. Mir war speiübel. Ich verstand die Welt nicht mehr und den Polizisten auch nicht. Wo mein Geld denn sei, wollte ich wissen. Geld? Geld habe er nicht gefunden, grinste er mich an. Und damit hatten sich meine angesparten dreitausend US-Dollar wohl auch in Luft aufgelöst. Denn eigentlich hatte ich die sauber und ordentlich zwischen meine Unterwäsche in die Schublade meines Hotelzimmers gelegt. Und nun hatte sich dieser breit grinsende Brasilianer mein Erspartes unter den Nagel gerissen. Doch was konnte ich schon dagegen ausrichten? Ich saß hier als mutmaßlicher Drogenbaron im Polizeigefängnis und wartete auf meine Verurteilung. Da würde mir wohl keiner glauben, dass die Policia Federal sich meiner Dreitausend bemächtigt hatte. Ich schloss die Augen und versuchte ruhig zu bleiben, nicht zu hyperventilieren. Tief durchatmen, sagte ich mir immer wieder. Und ein ... und aus ... und ein ... und aus ...

Der Polizist deutete auf meine Lederhandschuhe aus feinstem Schafleder. Die hatte ich zu Weihnachten von meiner Schwester Daniele geschenkt bekommen. „Bruderherz", hatte sie damals gesagt, „die habe ich extra für dich ausgesucht, weil sich die Handgelenksweite durch Druckknöpfe regulieren lässt – falls deine Arme noch muskulöser werden und an Masse zunehmen, du kleiner Kraftprotz!" Mein liebes Schwesterlein ... Der Gedanke an sie machte mir das Herz warm. Ach, könnte ich sie doch in meine Arme schließen und ihr sagen, dass ich sie lieb habe, dass alles gut wird und dass ich bald wieder nach Hause komme!

Ob er die Handschuhe haben könne, wollte der brasilianische Beamte wissen und grinste dabei wieder. Er könne sie sehr gut für weitere Drogendurchsuchungen gebrauchen und wäre mit ihnen bestens ausgestattet. Fast hätte ich laut losgelacht: Erst klaute er mein Erspartes und fragte dann scheinheilig nach, ob er die Handschuhe haben könne. Auch hier blieb mir keine Wahl und so nickte ich einfach nur zustimmend.

Er zerrte mich zurück zur Zelle, die er gleich hinter mir wieder verschloss. Melvin und Heiko schnarchten auf dem kalten Steinfußboden. Ich taumelte zum Abort und musste mich erst einmal übergeben.

15. DANIELE

Im Haus Nummer 27 war die Freundin der Nachbarin derweil ganz in ihrem Element. Bereitwillig beantwortete sie die Fragen der Kriminalbeamten zu Familie Milleker. Hilfsbereit wollte sie sein und außerdem ihren Wissensdurst stillen. Immerhin müsse man ja wissen, was denn so in der Nachbarschaft los sei, damit ihre Freundin, die Nachbarin, gegebenenfalls selbst Vorkehrungen für Haus und Hof treffen könne. Die Beamten nickten verständnisvoll, immer noch froh darüber, dass sie die Eingangstür nicht hatten aufbrechen müssen.

„Sehen Sie sich ruhig um! Und wenn Sie Fragen haben, stehe ich Ihnen gerne Rede und Antwort", rief sie noch den Polizeibeamten hinterher, die sich gerade in allen Zimmern verteilten. Als wenn diese eine Genehmigung von ihr nötig hätten! Ein Beamter hatte einen Spürhund dabei. „Der hat wohl den besseren Riecher", kommentierte sie und wollte es sich gerade am Küchentisch gemütlich machen (von hier aus hatte sie alles gut im Blick), als die Haustür aufgerissen wurde und Thomas' zwölf Jahre jüngere Schwester Daniele völlig aufgelöst hereinstürmte.

„Kann mir mal jemand erklären, was hier eigentlich los ist?", rief sie in die Wohnung hinein. Ihre Stimme überschlug sich. Ihr Mann Christof war Zimmerermeister und hatte zufälligerweise in der Nachbarschaft beruflich zu tun gehabt, als er durch das Fenster des Kunden das Polizeiaufgebot vor dem Millekerhaus gesehen hatte. Unverzüglich hatte er seine Frau angerufen und sie kurz und knapp aufgefordert, alles stehen und liegen zu lassen, um im Haus ihrer Eltern nach dem Rechten zu sehen.

Daniele stürmte ins Wohnzimmer hinein, in dem drei Beamte gerade die Schubladen durchwühlten. „Ich bin Tochter des Hauses und möchte j-e-t-z-t wissen, was das alles hier soll und wer Ihnen die Erlaubnis gegeben hat, in dieser Wohnung einfach alles auf den Kopf zu stellen." Ihre Stimme bekam einen drohenden Unterton, sie war wütend und bereit, Hab und Gut zu verteidigen. „Wie eine Löwin", durchfuhr es Hauptkommissar Brand und er erkannte, dass er nun Aufklärungsarbeit leisten musste.

Freundlich forderte er Daniele Milleker auf, Platz zu nehmen. Er wolle ihr selbstverständlich keine Antwort schuldig bleiben, zumal er mit seinen Mitarbeitern in ernster Angelegenheit gekommen sei. Neugierig war die Freundin von Frau Nachbarin ins Wohnzimmer geeilt, um wie ein aufgescheuchtes Huhn hin- und herzulaufen und nichts zu verpassen.

„Hören Sie auf, hier herumzugockeln und gehen Sie bitte nach Hause!", fuhr Daniele in ihrer Aufregung diese an, die sich sogleich mit gekränkter Miene auf den Rückzug machte. „Es gibt keine Dankbarkeit mehr unter den Menschen …", nuschelte sie noch, bevor sie die Haustür hinter sich zuzog.

Und dann berichtete der Hauptkommissar, warum er diese Hausdurchsuchung durchführte. Dass ihr Bruder Thomas ein mutmaßlicher Drogenschmuggler sei, „und zwar im großen Stil", wie er mehrmals betonte, dass er sich eine perfekte Tarnung angeeignet habe und ein durchdachtes Doppelleben führe, dass er zur Zeit in Recife in Brasilien im Gefängnis sitze, weil er auf frischer Tat ertappt worden sei und nun seine Schuld festzustellen sei. Dass die Landespolizeidirektion Karlsruhe mit den brasilianischen Beamten zusammenarbeite und deshalb eine nahtlose Aufklärung des Verdachts des Drogenschmuggels möglich sei.

Daniele Milleker schwirrte der Kopf, hatte sie doch während der Ausführungen die ganze Zeit den Eindruck, es wäre von einem ihr fremden Menschen die Rede und ganz bestimmt nicht von ihrem geliebten Bruder. Ihr Hals war wie zugeschnürt und Tränen strömten ihre Wangen hinunter. Verzweifelt unterbrach sie den Hauptkommissar immer wieder und versuchte ihm klarzumachen, dass hier ein Missverständnis vorliegen müsse. Thomas sei ein unbescholtener Mann, der in Brasilien eine Kebab-Imbisskette eröffnen wollte, und ganz bestimmt kein Drogenschmuggler. Vergeblich.

Oberinspektor Brand hatte Mitleid mit der weinenden Frau, die offensichtlich unter Schock stand und ihren Bruder wohl nicht hinreichend kannte. Ihre Beteuerungen, er würde ganz bestimmt keine Drogen oder Ähnliches finden, bedachte er mit hochgezogenen Augenbrauen und einem mitleidigen Blick. Solche Reaktionen von Familienangehörigen gehörten zu seinem Alltag und davon ließ er sich ganz bestimmt nicht mehr beeindrucken. Allerdings war er dann doch etwas irritiert und zugegebenermaßen ein wenig enttäuscht, als er seinen Durchsuchungsbericht noch vor Ort in Haus Nummer 27 ausfüllte:

„Der Unterzeichnete hat am 10.05.1997 von 17.50–18.45 Uhr in der Wohnung des Thomas Milleker eine Durchsuchung gemäß §§ 102 bis 110 ff. StPO – § 25 PolG vorgenommen.

Der Durchsuchung wohnten bei: Milleker, Daniele.

Grund der Durchsuchung: Auffinden von Beweismitteln wegen des Verdachtes des Verstoßes gegen das Betäubungsmittelgesetz.

Beschlagnahmt wurden: Zwei abgelaufene deutsche Reisepässe, gefunden im Schrank, Zimmer links, Untergeschoss, sowie Visitenkarten, gefunden Jackentasche Garderobe Untergeschoss. Ansonsten keine weiteren Gegenstände beschlagnahmt.

Gezeichnet: Oberinspektor Brand, Rauschgiftdezernat.“

Nachdem Daniele Milleker den Durchsuchungsbericht ebenfalls unterschrieben hatte, verabschiedete sie sich von dem diensthabenden Oberinspektor mit den Worten, er hätte sich die ganze Arie auch sparen können, weil er ohnehin nichts gefunden habe und sie sich dessen von Anfang an sicher gewesen wäre. Ja, er hätte ja nur auf sie hören müssen.

Doch sobald sie die Tür hinter den Polizisten geschlossen hatte, brach Daniele innerlich zusammen. Mit letzter Kraft wankte sie zum Sofa, sank in die Polster und griff zum Telefonhörer. Von Weinkrämpfen geschüttelt wählte sie die Nummer ihrer großen Schwester Eva. Was war jetzt bloß zu tun und wie ging es Thomas?

16. KONSUL GRAFE

Ich wusste nicht, ob ich schon wach war oder noch träumte. Konnte es sein, dass wir erst eine Nacht im Untersuchungsgefängnis der Polizeistation verbracht hatten und heute erst der 10.05.1997 war? Die letzten Stunden waren mir wie Tage vorgekommen. Auch wenn die Nachtluft schwül und heiß gewesen war, hatte mich die Kälte des Steinfußbodens ausgekühlt. Langsam und schleichend war sie mir in die Glieder gefahren und hatte es sich nach und nach in mir gemütlich gemacht. Selbst mein Herz schien gefroren und meine Empfindungen hatten sich in Luft aufgelöst – vertrieben von der Kälte. Taub und benommen fühlte ich mich, als ob ich in Watte gepackt wäre. Wie von ferne hörte ich jemanden meinen Namen rufen: „Thomas, Thomas, alles klar mit dir?" „Ja, mach dir keine Sorgen", wollte ich antworten, doch aus meinem Mund kam nur ein Stöhnen. Was war mit mir los? Ich versuchte mich zu konzentrieren und machte die Augen auf.

Heiko hatte sich über mich gebeugt und probierte mich wachzurütteln. „Alter, endlich! Ich dachte schon, du liegst im Koma", fuhr er mich an, doch die Erleichterung, die in seiner Stimme lag, war unüberhörbar.

Langsam kam das Leben wieder in meine starren Gliedmaßen. Mir dröhnte der Kopf und mein Nacken war völlig verspannt. Die Gefängnistür ging auf und jedem von uns wurde ein Napf hingeschoben. Reis mit Bohnen. Mir wurde wieder übel.

Ich stand auf und versuchte, mir in der fünf Quadratmeter großen Zelle ein wenig die Beine zu vertreten. Dabei kam ich mir vor wie der gefangene Tiger, den ich bei meinem letzten Besuch im Stuttgarter Zoo aus tiefstem Herzen bemitleidet hatte, weil er unaufhörlich die Gitterstäbe abschritt: Von links nach rechts, von rechts nach links, von links nach rechts …

Immer wieder unterbrach ich meine Wanderung, um mich zu Melvin und Heiko zu setzen und zu beratschlagen, was jetzt zu tun sei. Doch unsere Diskussionen drehten sich im Kreis. Wir kannten das brasilianische Rechtssystem nicht und bezweifelten auch, ob wir als mutmaßliche Drogenschmuggler hier überhaupt irgendwelche Rechte hatten.

Schritte näherten sich unserer Zelle. Ein Schlüsselbund wurde aus irgendeiner Tasche gezogen und unter lautem Palaver ins Schloss gesteckt. Wir bekamen überraschenden Besuch: Ein großer, hagerer, stark schwitzender, leicht schwankender und alkoholisierter Mann betrat den Raum. Das Wachpersonal stellte noch einen Stuhl in unsere Zelle, bevor es die Tür wieder von außen verschloss. Mit einem lauten Schnaufen setzte sich der Unbekannte hin. Immer wieder wischte er sich hektisch mit einem schmutzigen Taschentuch, das irgendwann einmal weiß gewesen sein musste, den Schweiß von der Stirn. Wir starrten ihn an.

Er sei der deutsche Konsul in Recife, sagte er, und er wäre unser Vertreter dort in Brasilien. Günter Grafe sei sein Name und es gehöre auch zu seinen Pflichten, deutsche Gefangene zu betreuen. Dabei sah er uns so verächtlich an, dass sich mein Magen wieder zusammenzog. Seine Augen waren blutunterlaufen und in seinen Mundwinkeln hatte sich Spucke gesammelt. Wir könnten froh sein, dass er sich nun um uns kümmere, prahlte er. Er kenne die richtigen Leute und vielleicht könne er für uns etwas deichseln.

Langsam wurde mir klar, wie gering unsere Chancen waren: Hier saßen wir nun, mit einem anscheinend korrupten und alkoholkranken Konsul, dem wir als Menschen völlig egal zu sein schienen, der aber offensichtlich hoffte, aus unserem Unglück Kapital schlagen zu können.

Er könne uns einen brasilianischen Anwalt besorgen, meinte er. Allerdings würden gute Anwälte auch gutes Geld kosten, aber das wäre ja für uns kein Problem. Und dabei lachte er geldgierig und entblößte seine braunen, fleckigen Zähne. Der Schweiß tropfte ihm unaufhörlich von der Stirn und ich fragte mich, ob er sein Taschentuch, mit dem er sich ständig im Gesicht herumwischte, mittlerweile auswringen konnte. Er würde alles daransetzen, dass wir im Laufe des Tages jeweils einen Anruf nach Deutschland tätigen konnten, meinte er noch, bevor er sich mit einem leicht gelallten „Auf Wiedersehen, meine Herren" für die nächsten Tage von uns verabschiedete. Die Zellentür schloss sich hinter ihm und wir drei starrten uns fassungslos an: Wir konnten uns nicht vorstellen, dass Konsul Grafe auch nur einen kleinen Finger für uns rühren würde.

17. DER ANRUF

„Telefonar!", sagte der Wachmann, der mich in das Polizei-
büro führte. Er machte mir klar, ich dürfe ein einziges Telefonat führen, aber nicht mehr. Meine Eltern konnte und
wollte ich nicht anrufen. Sie sollten ihre Zeit auf La Palma
genießen und außerdem kannte ich ihre Telefonnummer
nicht auswendig. Meine kleine Schwester Daniele wollte ich
sprechen. Mein Herz klopfte mir bis zum Hals. Was sollte ich
ihr sagen? Wie würde sie die Nachricht aufnehmen, dass ihr
Bruder, auf den sie immer stolz gewesen war, im Gefängnis
saß? Meine Hand zitterte, während ich die Nummer wählte.

„Hallo?"

Mir sackte das Herz in die Hose. Nicht Jele hörte ich da
am anderen Ende der Leitung, sondern ihren Mann Christof.

„Christof, hier ist Thomas. Ist die Jele da?"

„Noi!"

„Hör mal, ich bin hier in Brasilien im Gefängnis ..."

„Jo, isch gut!"

Ich konnte es nicht fassen! Warum war mein stoischer
Schwager nur immer so einsilbig? Warum kümmerte ihn
mein Unglück nicht? Ich versuchte es nochmal und sprach
dabei etwas langsamer und lauter, um sicherzugehen, dass er
mich verstand:

„Ich bin im Gefängnis! Die haben mich eingelocht!"

„Jo, isch gut!"

Ich war verzweifelt. Das einzige Telefonat, das ich führen durfte, war gleich vorbei und alles, was ich zu hören bekam, war: „Jo, isch gut!"

„Sag bitte meiner Schwester, dass ich in Recife im Gefängnis bin!" Meine Stimme überschlug sich und die Verzweiflung war deutlich zu hören. Nicht aber für Christof:

„Jo, isch gut!", sagte der nur und dann noch:

„Also, ade!"

Mit diesen beiden Worten zerplatzte auch die nächste Hoffnungsblase.

18. ALLEIN

Die drei Tage in unserer gemeinsamen Zelle im Untersuchungsgefängnis von Recife zogen wie ein Film im Zeitlupentempo an uns vorbei. Stupide wechselten sich Tag und Nacht, rastlose Wanderungen von der einen Zellenwand zur anderen und sinnlose Diskussionen über das Wieso, Weshalb und Warum ab. Einmal am Tag gab es Bohnen mit Reis. Der kalte Steinfußboden war unser Bett. Bis am 12.05.1997 plötzlich die Zellentür aufgerissen wurde und jeder von uns eine Einzelzelle bekam. Hier hatte ich zwar eine Pritsche, auf der ich liegen konnte, doch die Einsamkeit fraß meine Seele auf. Wie sehr fehlten mir die Gespräche mit meinen Leidensgenossen. Bis zu dem Zeitpunkt hatte ich gar keine Ahnung gehabt, was es bedeutete, wirklich auf sich allein gestellt zu sein. Doch hier in meiner Einzelzelle schien mich die Einsamkeit völlig in Besitz zu nehmen und alles Leben aus mir herauszusaugen. Lethargisch lag ich auf meiner Pritsche und lauschte dem lauten Treiben direkt unter meinem Zellenfenster. Dort herrschte das blühende Leben Brasiliens, die Menschen feierten ihre Partys auf der Straße und nachts hallte die Musik der nahegelegenen Diskotheken von den Zellenwänden wider. Eigentlich war ich doch nach Brasilien gekommen, um Teil dieses exotischen Nachtlebens zu sein, mit der Partywelle mitzuschwimmen, mich in Clubs zu vergnügen und das große Geld zu machen …

„Psst", hörte ich jemanden, als sich der Schlüssel in der Zellentür drehte. Leise ging die Tür einen Spalt auf. Wieder: „Psst!"

Ich ging ungläubig zur Tür und öffnete sie ganz. Wollte sich ein Wärter einen schlechten Scherz mit mir erlauben? Der Vorraum vor den Einzelzellen war menschenleer. Komisch, dachte ich. Hier sitzen doch sonst mindestens zwei Polizisten und halten Wache. Auch im angrenzenden Büro des Untersuchungsgefängnisses war keine Menschenseele. Die Tür von dort in den Innenhof stand sperrangelweit auf. Sollte ich es wagen? Sollte ich die Flucht versuchen? Oder war das ganze hier ein abgekartetes Spiel, eine Falle, in der ich am Ende elendig verrecken würde? Mir schoss das Blut in den Kopf und ich begriff: So eine Chance würde sich mir kein zweites Mal bieten. Ich schaute zum großen, schmiedeeisernen Einfahrtstor: Selbst das war offen! Und so lief ich blindlings los, schaute nicht nach rechts und nicht nach links, immer das Ziel im Blick, die Freiheit vor dem Gittertor. Die Sehnsucht hatte mich gepackt, Hoffnung erfüllte mich und die Liebe zu meiner kleinen Schwester Jele durchzog jede Faser meines Herzens. Zu ihr wollte ich laufen und alles sollte wieder gut werden! Kurz bevor ich die Straße der Freiheit erreichte, krochen sie aus ihren Löchern hervor: Polizisten, die wie Ratten aussahen, ihre Maschinenpistolen in der Hand, und wie von Geisterhand schloss sich das Tor zur Freiheit direkt vor meiner Nase. Etwa fünfzig Rattenpolizisten drängten mich an die Wand des Untersuchungsgefängnisses, ihre Waffen im Anschlag. „Um, dois, três", rief der Anführer und bei „três" ratterten die Maschinenpistolen und durchsiebten meinen Körper.

„Jele!", war das Letzte, was ich schreien konnte, und von diesem Schrei erwachte ich. Schweißgebadet schreckte ich von meiner Pritsche hoch, völlig außer Atem, in meinem

Kopf war ein einziges Rauschen und meine Finger tasteten intuitiv nach Schussverletzungen. Nichts. Mir ging es gut, alles war nur ein Traum gewesen, doch meine Seele weinte. Draußen vor dem Fenster sangen die Bee Gees aus einem laut aufgedrehten Autoradio „Stayin' Alive".

19. DER INNENHOF

Seit einer Woche saßen wir nun schon in Untersuchungshaft. Nacht für Nacht plagten mich die schrecklichsten Albträume und Tag für Tag die Einsamkeit. Der einzige Lichtblick war für mich, dass ich mich jeden Tag 15 Minuten im Gefängnishof unter strengster Bewachung ein wenig sportlich betätigen konnte. Mit Klimmzügen und Liegestützen hielt ich meine Muskeln zumindest etwas in Form und wenn ich dabei die Augen schloss, konnte ich für ein paar Minuten das Gefühl von Freiheit wieder spüren. Dann atmete ich tief durch und die Sonnenstrahlen gingen mir direkt unter die Haut.

Zum Gefängnishof hin lagen zwei Einzelzellen, in denen weitere Personen inhaftiert waren. Ich fühlte mich beobachtet, wenn ich meine Runden lief, konnte aber durch die Gitter der Fenster hindurch kein Gesicht im Inneren der Zellen erkennen. Irgendwann sprach mich aus einem dieser Gitterlöcher eine Frauenstimme an. Sie hieße Claudia und sei eine Mitgefangene. Sie versuchte mit mir ins Gespräch zu kommen, während ich meine Muskeln spielen ließ. Ich konnte sie nicht sehen, doch sie hatte mich allem Anschein nach voll im Blick. Wenn sie mit mir sprach, hörte ich Bewunderung aus ihrer Stimme, und das war Balsam für meine Seele. „Es ist schon unglaublich, an was man sich alles klammert, wenn man im Gefängnis sitzt", dachte ich etwas verschämt.

Der andere Insasse neben der Zelle von Claudia allerdings blieb mir fremd. Ich spürte nur seine Blicke, wie sie mich im Innenhof verfolgten, doch gesprochen haben wir nie miteinander. Schade eigentlich, denn dieser Fremde sollte später für mich zur Schlüsselfigur werden.

20. BESUCH

Das Aufnahmegerät auf dem Tisch wurde mit einem Klick angeschaltet: „Es ist Freitag, der 16. Mai 1997. Wir befinden uns im Polizeigefängnis von Recife, Brasilien. Vor uns sitzt Herr Thomas Milleker, der des Drogenschmuggels bezichtigt wird."

Hier saß ich nun, vor mir zwei deutsche Polizeibeamte, die mich verhören sollten. Sie waren von der Kripo nach Brasilien geschickt worden, um mich, aber auch Heiko und Melvin, einzeln zu verhören. Mit versteinernden Blicken lauschten sie meinen Ausführungen. Ich erzählte ihnen, dass ich mit den Drogen nichts zu tun habe, dass ich dummerweise aus Versehen in das ganze Dilemma hineingeschlittert sei, dass ich höchstens in moralischer Hinsicht, keinesfalls aber rechtlich schuldig wäre, ja, mir nie zuvor etwas habe zuschulden kommen lassen und hoffe, dass der ganze Albtraum bald zu Ende sei. Ich flehte sie an, mir zu glauben, erzählte ihnen von dem anscheinend korrupten Konsul Grafe, der nur an sein eigenes Portemonnaie dachte, davon, dass ich mich bisher nicht ein einziges Mal hatte waschen können, dass es nur ein Mal am Tag Reis mit Bohnen gab, ich ständig Durchfall hatte und die Einzelhaft mich fast verrückt werden ließ. Verzweifelt suchte ich in den Gesichtern der Kriminalbeamten nach Mitleid, nach Verständnis, nach einem „Wird schon wieder". Vergebens. Ganz im Gegenteil. Ihre Gesichter drückten Abneigung aus. Immer wieder hielt sich einer der

Beamten ein Taschentuch vor das Gesicht; wahrscheinlich aufgrund meines schon etwas penetranten Körpergeruchs.

Für die brasilianischen Beamten gebe es keinen Zweifel, dass ich mit Heiko Heller und Melvin gemeinsam ein Millionending hatte drehen wollen, taten mir die deutschen Beamten kund. Das Einzige, was für alle unverständlich war, sei die Tatsache, dass ich in einem anderen Hotel als die anderen beiden Verdächtigen untergekommen sei. „Je nach Sachlage kann Ihnen das positiv oder auch negativ ausgelegt werden", belehrte mich einer der beiden Beamten.

Es wurde mir klarer denn je: Auch die beiden nahmen mir meine Unschuld nicht ab und mit ihnen zog auch meine letzte Hoffnung aus dem Polizeigefängnis hinaus.

Als am nächsten Tag die Zellentür aufging und der wachhabende Polizeibeamte mit dem Wort „Visita" Besuch ankündigte, schaute ich nicht einmal von meiner Pritsche auf. Mir war es völlig egal, wer mich besuchen wollte. Ich wollte nichts und niemanden sehen und mich ganz bestimmt nicht mit irgendjemandem unterhalten.

Ich hörte, wie jemand hereinkam und mit einem Stuhl hantierte, den er wohl mitgebracht hatte. Umständlich setzte sich dieser Jemand hin, bevor er wieder aufstand und den Stuhl mehrmals auf dem steinigen Fußboden hin- und herschob. Dieser in meinen Gehörgängen ohrenbetäubende Lärm ließ mich aufstöhnen. Widerwillig öffnete ich meine Augen, um den Eindringling näher zu betrachten. Vor mir saß ein schmächtiges Kerlchen um die siebzig. Freundlich stellte er sich vor: „Peter Ritter ist mein Name. Ich arbeite im Samariter-Dienst und besuche ehrenamtlich deutsche Inhaftierte in den Gefängnissen." Ich setzte mich auf und starrte ihn ungläubig an. Konnte es sein, dass ein Deutscher hier in Brasilien seine Freizeit opferte, um Gefangene, die er noch nicht einmal kannte, zu besuchen? Mit einem Mal war ich hellwach. Dieser Mann kam mir vor wie ein Engel, der sich aufgemacht hatte, um mich in meiner Dunkelheit zu besuchen und einfach für ein paar Minuten bei mir zu sitzen. Wie wohltuend war seine Nähe. Peter Ritter war Lehrer an einer deutschen Schule in Recife und hatte ein Herz für Gestrandete. In Deutschland hätte ich ihn in meinem Bodybuilder-Umfeld keines Blickes gewürdigt. Dort wäre ich achtlos an ihm vorbeigegangen, so blass und schmächtig, wie er aussah. Und mit seiner Nickelbrille und den zerzausten grauen Haaren sah er aus wie ein zerstreuter Professor. Doch hier in meiner Einzelzelle war mir egal, wie er aussah. Er war hier, das war alles, was für mich zählte. Und er fragte nicht danach, was ich getan oder nicht getan hatte, ob ich schuldig oder unschuldig war. Hier zählte für ihn nur der Mensch, Thomas Milleker, der Vierzigjährige, der fernab der Heimat alleine unter menschenunwürdigen Bedingungen einer ungewissen Zukunft entgegensah, und dem er einfach nur ein bisschen Wärme und Zuneigung entgegenbringen wollte. Von Mensch zu Mensch. Oder war er doch ein Engel in Menschengestalt?

21. ES WIRD NOCH SCHLIMMER

Am Morgen des 19.05.1997 trat die erste Wende ein, allerdings nicht so, wie ich sie mir gewünscht hätte. In Handschellen wurde ich in das Büro des Polizeichefs geführt. Die Freude über das dortige Wiedersehen mit meinen ebenfalls in Handschellen vorgeführten Kumpanen Heiko und Melvin blieb mir im Halse stecken, als mein Blick auf einen hohen, weißen Hügel mitten in dem großräumigen Büro fiel. Vierzehn Kilogramm Kokain waren dort für alle sichtbar auf dem Boden ausgeschüttet, oder um es anders auszudrücken: Drogen im Wert von 1,5 Millionen D-Mark lagen direkt vor unseren Augen. Daneben stand das aufgebohrte Fitnessgerät.

Uns wurde klargemacht, dass die Zeit für uns im Polizeigefängnis abgelaufen sei. Wir sollten in das Staatsgefängnis Anibal Bruno abtransportiert werden, wo wir auf unsere Verhandlung warten sollten. Für den Polizeichef war ich eindeutig der Drahtzieher des Drogengeschäftes und so gab er Anweisung, ich solle unter allen Umständen isoliert von den anderen transportiert werden.

Unsere Habseligkeiten unterm Arm wurden wir in den Innenhof geführt. Zwei schwarze Pritschenwagen warteten innerhalb der Mauern der Polizeistation auf uns. Vor dem Tor standen etwa zehn Polizeiwagen, die uns wohl zum Anibal Bruno eskortieren sollten.

„Ich bin in deren Augen wirklich ein extrem gefährlicher

Drogendealer", realisierte ich und die reine Panik stieg in mir hoch.

Die Ladefläche des Pritschenwagens war durch einen kugelsicheren schwarzen Kasten ersetzt worden, in den ich hineingepfercht wurde. Innerhalb dieser Box war es unerträglich heiß und ich konnte kaum atmen. Wenn es draußen schon 40 °C waren, herrschten hier sicherlich zwischen 60 °C und 70 °C! Der Innenraum war so niedrig, dass ich nur knien konnte. Wie ein Stück Vieh kam ich mir vor, das zur Schlachtbank geführt wurde. Schreckliche Angstzustände bemächtigten sich meiner und meine Gedanken machten sich selbstständig. „Vielleicht transportieren die mich gar nicht ins Anibal Bruno, sondern machen mich auf dem Wege irgendwo in einer einsamen Gegend platt …" Eine Panikattacke folgte der nächsten. Mir schwanden die Sinne. Ich schrie mir die Kehle aus dem Leib: „Hilfe, ich kriege keine Luft! Hilfe! Hilfe!" Doch niemand kümmerte sich um mich. Gemächlich bahnte sich die Wagenkolonne ihren Weg durch die Mittagshitze.

„Warum durften Heiko und Melvin in einem Wagen gemeinsam transportiert werden?", fragte ich mich immer wieder. Und das, obwohl Heiko der Boss war? Warum half mir keiner?

„Ich bin unschuldig!!!", schrie ich verzweifelt, doch der gepanzerte Wagen verschluckte mein Rufen. Es war zwecklos.

22. IN DER AUFFANGZELLE

Hier in der Auffangzelle sitze ich immer noch wie festgeklebt auf dem mir vom König der Zelle zugewiesenen Platz an der Wand. Ich weiß nicht, wie lange ich heute, am 19.05.1997, schon in dieser Position verharrt habe. Wie ein eingeschüchtertes kleines Kind habe ich meine Knie an den Körper herangezogen und umklammere meine Unterschenkel mit beiden Händen, meinen Kopf auf die Knie gelegt, den Blick gesenkt. Nach einer halben Ewigkeit wage ich es vorsichtig aufzublicken und mich verstohlen umzusehen. Der König zeigt seinen Kumpanen gerade die Kleidungsstücke, die er mir als Dankeschön für seine Platzzuweisung abgeknöpft hat, als die Zellentür mit großem Getöse wieder geöffnet wird. Auf einen Schlag folgt dem ohrenbetäubenden Lärm absolute Stille. Wieder stieren 100 Augenpaare auf die Neuankömmlinge, auch ich. Und plötzlich steigt sogar ein Fünkchen Freude in mir auf: Heiko und Melvin werden vom Wachpersonal in die Zelle gestoßen. Auch sie tragen ihre Habseligkeiten unterm Arm. „Nicht mehr lange", denke ich, denn der König der Zelle bahnt sich gerade wieder hinkend, aber Ehrfurcht gebietend den Weg durch seine Untertanen, um sich durch seinen Ordnerdienst T-Shirts und Hosen unter den Nagel zu reißen. Schnell wechseln die Kleidungsstücke ihre Besitzer, während Heikos Augen suchend die Zelle durchwandern. Ich würde ihm am liebsten zurufen: „Hier bin ich, schau doch, komm zu mir!", doch ich bekomme keinen Ton heraus. „Thomas!", entfährt es da Heiko, als er mich zusammengekauertes Häufchen Elend entdeckt. Der König registriert, dass wir uns kennen, und gibt dem Gefangenen neben mir ein Zeichen, seinen Platz an Thomas abzugeben. Laut fluchend versetzt dieser mir im Vorbeigehen noch einen Tritt, bevor er in der Menschenmasse untergeht. „Es ist schon komisch, dass 100 Personen auf engstem Raum eine Menschenmenge sein können …", durchfährt es mich, als Heiko sich seufzend neben mir niederlässt. Ich erzähle ihm von meiner Horrorfahrt im schwarzen Pritschenwagen, von den Panikattacken und der Hoffnungslosigkeit, die mich fest im Griff hat. Heiko will mir Mut machen, sagt, dass die deutschen Behörden uns bestimmt herausholen würden, doch der Zweifel in seiner Stimme übertönt das Gesagte.

Wir werden beide still und schauen uns schweigend um: Zwischen den Gitterstäben sind Tücher gespannt, Hängematten, in denen Gefangene liegen und in den Tag hineindösen. Laut ist es. Der Körpergeruch vieler Männer vermischt sich mit dem penetranten Billigdeo-Gestank, in den sich ein etwa 13-Jähriger gerade einhüllt. Ich bin erschrocken, wie viele Heranwachsende hier einer trostlosen Zukunft entgegen blicken. Manche sind Transvestiten, Männer in Frauenkleidung, stark geschminkt, dünn, hohlwangig und … erstaunlich hübsch. Aufreizend bewegt sich einer von ihnen gerade unter lautem Gejohle durch den 60 Quadratmeter großen Raum. Ich bin froh, dass ich die Worte, die die Männer der etwa 17-jährigen Tunte zuwerfen, nicht verstehe – auch wenn die Gesten eine klare Sprache sprechen. Ich schließe die Augen und halte mir die Ohren zu. Zwecklos. Hier gibt es kein Entrinnen, auch nicht für meine Seele, die verzagt und verängstigt einen Schutzraum sucht, aber nicht findet. Mir wird übel, ich sacke in mich zusammen, verliere das Bewusstsein und versinke in tiefster Dunkelheit.

23. FAX AUS DEUTSCHLAND

Während Thomas ohnmächtig zusammenbricht, schreibt ihm seine ältere Schwester Eva nichtsahnend einen Brief:

„Lieber Thomas,

heute ist Pfingstmontag, der 19.05.1997; es hat nach einigen sonnigen Tagen zeitweise geregnet. Bei den Eltern auf La Palma ist es schön. Sie wissen von allem nichts, denn wir wollen sie möglichst heraushalten. Wir, deine Geschwister, telefonieren fast täglich miteinander und auch mit Herrn Grafe, dem Konsul dort bei dir vor Ort. Auch wenn du wenig merkst: Wir sind am Ball. Halte durch!

Herr Grafe hat uns angeboten, unsere Faxe an dich weiterzuleiten. Deshalb schreibe ich dir heute, auch wenn ich nicht weiß, wann du meine Zeilen lesen wirst.

Dein und unser Bruder Christoph hat mich sehr berührt, als er heute über dich redete und sagte: „Ja, unser Matzi!" Kannst du dich an diesen Kosenamen aus deiner Kindheit erinnern? Ich hatte ihn schon vergessen, doch jetzt ist diese Erinnerung Balsam für meine Seele.

In der Welt gibt es nicht viele Neuigkeiten: Schumi hat das letzte Rennen gewonnen und führt in der Weltmeisterschaftswertung. Boris Becker fliegt beim Tennis regelmäßig in den ersten Runden raus.

Unseren Eltern geht es im Großen und Ganzen gut, auch wenn Papa es im Kreuz hat. Mama würde sich am liebsten eine Katze anschaffen, wegen der vielen Eidechsen dort in Palma.

Lieber Thomas, wir hoffen alle, dass du bald zurückkommen kannst. Wir beten dafür! Bis dahin tausend Küsse und Grüße, auch von den anderen,

deine Eva"

Von diesem Brief, den seine große Schwester gerade von Deutschland aus an ihn schreibt, ahnt Thomas nichts. Er merkt auch nicht, wie sich sein Freund Heiko hektisch über ihn beugt und ihn mit Ohrfeigen wieder zu Bewusstsein bringen will. Die Dunkelheit hat ihn fest im Griff und wen sie einmal gepackt hat, den will sie auch mit sich in die Tiefe ziehen. Wie ein Strudel dreht sich alles um Thomas herum. Immer schneller, immer tiefer, die Luft wird knapper, er schnappt nach Atem, doch statt Sauerstoff füllt Wasser seine Lungen. Die Panik steht wieder vor seiner Tür und stürmt ohne anzuklopfen in sein Leben. Thomas muss husten, würgen, spucken und schlägt die Augen auf. Ein Schwall Wasser ergießt sich über seinem Kopf. Der König der Zelle schüttet gerade ungerührt eine Flasche des kostbaren Nasses über ihm aus, um ihn wieder ins Leben zurückzuholen.

24. HERR GRAFE

Unwillig wirft der Konsul den Hörer auf die Gabel. Die Familie Milleker geht ihm langsam auf die Nerven. Fast täglich klingelt bei ihm das Telefon, weil irgendeiner der vier Geschwister des Inhaftierten irgendetwas von ihm will. „Kinderreiche Familien!", brummt er vor sich hin, wischt sich unwirsch den Schweiß von der Stirn und kramt in der obersten Schublade. Einen kleinen Seelentröster hat er sich verdient. Der hochprozentige Alkohol rinnt ihm scharf die Kehle hinunter. Während der Telefonate mit der Familie des mutmaßlichen Drogendealers ist er immer sehr gefasst, aufmunternd, aufgeräumt und liebenswürdig. Immerhin vertritt er hier in Recife die Bundesrepublik und sein im Grunde gutes, aber versteinertes Herz verbittet ihm eine andere Reaktion. Doch am liebsten würde er manchmal Klartext reden, sagen, dass es hier in Brasilien keine Gerechtigkeit gibt. „Keine Gerechtigkeit!", brüllt er laut in sein Büro hinein, als ob er ein Echo erwarte. „Keine Gerechtigkeit!", widerhallt es in seinem Herzen, das er in all den Jahren seiner Diensttätigkeit als Konsul verhärtet hat, um selbst überleben zu können. Doch die Schutzmauer, die ihn vor anderen beschützen sollte, wurde sein eigenes inneres Gefängnis. Nur der Alkohol kommt noch zu Besuch. Doch wie gut ist es, wenigstens noch einen richtigen Freund zu haben. „Keine Gerechtigkeit!", denkt er wieder, besonders nicht im Staatsgefängnis Anibal Bruno. Er selbst hat kaum Hoffnung für den Bodybuilder aus dem Schwabenländle, doch wen interessiert es, was er wirklich denkt? Er nimmt einen zweiten Schluck aus dem Flachmann und seufzt auf. Das tut gut! Er lehnt sich zurück in seinen Schreibtischstuhl und macht für einen kurzen Moment die Augen zu. Gerade hat er der älteren Schwester des Inhaftierten versprochen, ihr Fax vom 19.05. an das Staatsgefängnis weiterzuleiten, damit Thomas Milleker es auch bekommt. „Natürlich!", hatte er zu ihr gesagt, „selbstverständlich und umgehend!" Allerdings hatte er ihr verschwiegen, dass die brasilianische Staatsanwaltschaft Klage gegen ihren Bruder erheben wollte. Sein Kollege hatte ihm diese Information gerade auf den Tisch geknallt. Und so säuselte er der Schwester von Herrn Milleker noch schnell ein: „Rufen Sie jederzeit gerne wieder an!", in den Telefonhörer, bevor er folgenden Brief an die Familie des Inhaftierten in die Tasten hämmerte:

Recife, den 21.05.1997:

„Sehr geehrte Familie Milleker,
ich muss ihnen leider mitteilen, dass die Staatsanwaltschaft aller Voraussicht nach Klage gegen ihren Bruder und Schwager, Herrn Thomas Milleker, erheben wird. Es ist jetzt notwendig, dass er sofort einen guten Rechtsanwalt hat, der ihn entsprechend verteidigt."

Herr Grafe hält inne und überlegt. Wie hoch würden wohl die Kosten für einen Anwalt sein? Inklusive der vielen Schmiergelder natürlich, die man im Verlauf eines Rechtsstreites an die verschiedenen Stellen zahlen muss, um überhaupt ein wenig Gehör zu finden? Und so schreibt er weiter:

„Ich habe bereits mit dem Rechtsanwalt Marcos Rodrigues bezüglich der Honorarfrage für die Verteidigung von Herrn Milleker gesprochen. Der Rechtsanwalt verlangt 20.000 US-Dollar für die gesamte Verteidigung. 10.000 US-Dollar sind sofort bei Beauftragung zu bezahlen!"

Der Konsul streicht sich durch sein schweißnasses Haar. Es nützt ja nichts, Brasilien hat halt seine eigenen Gesetze, besonders, wenn es ums Geld geht. Und so fügt er den weiteren Satz zu:

„Die Honorarforderung mag Ihnen vielleicht hoch erscheinen. Sie ist aber hier in Brasilien ortsüblich und angemessen."

Dann folgen noch die Kontoinformationen der Bank, auf die das Geld zu zahlen ist.

Sein Gewissen meldet sich, doch schnell nimmt er noch einen kleinen Schluck aus der Flasche. „Bloß nicht sentimental werden", denkt er sich und schließt den Brief „mit freundlichen Grüßen".

25. SEHNSUCHT

Ich sitze immer noch zwischen den 100 Mitgefangenen in der Auffangzelle und verliere immer wieder das Bewusstsein. Wie sehr sehne ich mich nach meinen Geschwistern, vor allem nach meiner kleinen Schwester Daniele. „Jele!", sage ich leise, fast lautlos, doch niemand nimmt Notiz von mir. Worauf warten wir hier eigentlich? „Auf das Ende!", dröhnt die Antwort in meinem Kopf wie eine riesige Glocke.

Zeitgleich setzt sich Daniele an ihren Schreibtisch in Süddeutschland. Immer wieder wandern ihre Gedanken zu ihrem Bruder nach Brasilien. Zwischen ihnen besteht eine besondere emotionale Verbindung. Vielleicht weil sie beide „gleich ticken", wie die Mutter es immer sagt. Sie seufzt, ihr Herz droht zu zerspringen und in ihrem Kopf gibt es nur einen Gedanken: Thomas!

Ich öffne abrupt meine Augen. Habe ich gerade meinen Namen gehört? Hier in der Auffangzelle? Es klang so, als würde Jele nach mir rufen. Doch das kann nicht sein. Werde ich jetzt komplett verrückt? Ich schaue wie ein gehetztes Tier um mich. Niemand beachtet mich. Es ist zwei Uhr morgens und die meisten schlafen bereits. In der Ecke sitzt ein junger Bursche und weint. Hören kann ich zwar nichts, doch ich sehe seine zuckenden Schultern. Der arme Kerl tut mir leid. Hat auch er jemanden, der ihn vermisst?

Daniele nimmt Papier und Füller zur Hand und schreibt – vor ihr steht eine Kerze. Die hat sie sich angezündet, weil Kerzenschein immer so schön beruhigend auf sie wirkt.

„Lieber Thomas,
    ich weiß gar nicht, wie ich anfangen soll. Du fehlst mir sehr. Wir alle wissen, dass du mit dieser schrecklichen Sache nichts zu tun hast. Unsere Gedanken und unser Tun gelten nur dir. Wir hoffen, dass du bald wieder zu Hause bist. Mama und Papa haben noch nichts erfahren, da wir es für das Beste hielten. Wenn es mir nur irgendwie möglich wäre, würde ich gleich zu dir fliegen und dich so fest, wie ich nur könnte, drücken.“

Ich sehe, wie aus der Ferne meine kleine Schwester auf mich zukommt. Träume ich oder bin ich wach? Ich versuche mich zu konzentrieren und meinen Blick scharf zu stellen. Sie kommt immer näher. Gleich ist sie da. Ich strecke meine Arme aus, voller Erwartung, voller Sehnsucht. Gleich wird sie mich in den Arm nehmen und fest drücken, so wie sie es immer gemacht hat. „Du träumst“, raunzt mich Heiko an, den ich bei meinen imaginären Umarmungsversuchen aus Versehen ins Gesicht geboxt habe. „Schlaf weiter!“ Leise flüstere ich noch ein „'tschuldigung“, doch Heiko ist schon wieder eingeschlafen. Und auch ich schließe die Augen.

„Die Post in deinem Briefkasten gehe ich jeden Tag durch. Dabei schnuppere ich auch immer an einem T-Shirt von dir. Ich weiß, es wird nicht mehr lange dauern, bis du mir wieder alle Kochtöpfe leerfutterst.“

Mein Magen knurrt. Ich habe Hunger. Wie gerne würde ich jetzt bei Jele in der Küche sitzen und in ihre Töpfe gucken, auf der Suche nach Resten vom Mittagessen. „Aufgewärmt schmeckt alles doppelt so gut", habe ich ihr immer augenzwinkernd bei meinen spätabendlichen Besuchen gesagt, während sie mir bereitwillig eine riesige Portion auf den Teller katapultierte. Ich glaube sogar, dass sie immer extra viel gekocht hatte, nur damit für mich auch noch etwas übrig blieb. Der Mond scheint durch die Gitterstäbe. „Komisch, es ist der gleiche Mond, den Jele jetzt auch sieht", denke ich noch, bevor ein unruhiger Schlaf mich einholt.

Daniele betrachtet den Mond vor ihrem Fenster. Es ist Mittwoch, der 21. Mai, und es ist genau 21 Uhr. „Ob Thomas den Mond jetzt auch sieht?", fragt sie sich, auch wenn es ihr fast unmöglich erscheint. Gedankenverloren schreibt sie weiter:

„Der Konsul Grafe ist ein sehr lieber Mensch. Er muss täglich unsere Anrufe ertragen. Er erzählt uns alles: Wie es dir geht, was wir tun können, was wir erreicht haben, einfach wie der neueste Stand ist. Wir alle haben sehr große Hoffnung. Es wäre schön zu wissen, dass auch du die Hoffnung nicht aufgibst. Denk an dich und an uns. Lass dich nicht hängen, denn es ist alles nur ein schrecklicher Albtraum.

In Liebe und mit unendlich vielen Küssen von deiner Jele"

Immer wieder schrecke ich in dieser Nach hoch. Ein schrecklicher Albtraum jagt den nächsten. Ich träume von Vergewaltigungen, Mord und Tod. Ja, fast erscheint mir der Tod wie eine Erlösung aus allem Leid. Wie schön wäre es, einfach dazuliegen und tot zu sein, eingehüllt von Ruhe und Frieden. „Ich glaube, ich will einfach nur noch sterben", flüstere ich, doch dann packt mich ein Gedanke: Was ist, wenn Würmer und anderes Getier sich nach und nach durch meinen Holzsarg fressen und auch mich vertilgen? Ich schüttele mich und kann für den Rest der Nacht kein Auge mehr zutun, voller Panik, bald sterben zu müssen.

26. NICHTS GEHT MEHR

Es ist Donnerstag, der 22.05.1997. Ich kann nicht mehr. Punkt. Mehr gibt es nicht zu sagen, mehr gibt es nicht zu denken. Ich schwanke zwischen Panikattacken und Lethargie hin und her. Mein Herz schmerzt wie wahnsinnig und ich falle immer wieder in Ohnmacht. Zur Toilette, oder besser gesagt zum Loch im Boden in der Ecke der Zelle, schaffe ich es nur, wenn Heiko und Melvin mich von beiden Seiten stützen. Ich kann nicht mehr essen und ich kann nicht mehr trinken. Vielleicht will ich es auch nicht mehr – ich weiß es nicht. Heiko hat bereits wie ein Wilder an den Zelleneingang gedonnert, um das Wachpersonal zur Hilfe zu holen. „Um momento", war die gelangweilte Antwort des diensthabenden Wächters.

Von wegen „einen Moment"… Hier im Anibal Bruno zieht sich dieser „Moment" des Wartens nun schon über Stunden hin. Ich nehme meine Umgebung kaum noch wahr. Zwischen den Ohnmachtsanfällen schweift mein unsteter Blick immer wieder durch die Zelle. Vielleicht, um irgendwo noch ein Fünkchen Hoffnung zu entdecken. Doch stattdessen starrt mich aus den tiefbraunen Augen eines etwa 15-jährigen Jugendlichen, der gerade an mir vorübergeht, die Verzweiflung an.

In der Ecke der Zelle sitzt ein Mann, der mich pausenlos mit den Augen fixiert. Sein Anblick alleine jagt mir Kälteschauer über den Rücken. Eine löcherige Jeans ist sein einziges Kleidungsstück. An Oberkörper und Armen hängen unzählige Schmuckketten, die er wahrscheinlich den Neuankömmlingen bei ihrer Ankunft in der Zelle sofort abgenommen hat. Was für ein Glück, dass ich bei meiner Ankunft keine Kette trug. Er ist so mit Schmuck behangen, dass dies Gebilde wie ein Kettenhemd seinen Oberkörper lückenlos bedeckt. Dicht an dicht hängt Kettchen an Kettchen. Der muss ja schon jahrelang hier einsitzen, bei all dem Schmuck, denke ich noch, bevor ich wieder in mir zusammensacke und in die tonlose Welt der Ohnmacht eintauche.

Doch irgendwann reicht es dem König der Zelle. Vielleicht, weil sein Beschützerinstinkt Überhand gewinnt, vielleicht, weil er sich profilieren will, vielleicht aber auch, weil er einfach nur wieder seine Ruhe haben will, ohne ein ständig in Ohnmacht fallendes Käsegesicht. Er löst sich aus der Menge seiner Untertanen und schreitet gemächlich, aber bestimmt zum Eingang, das eine Bein hinter sich herziehend. Mucksmäuschenstill lauschen die Mitgefangenen dem portugiesischen Wortschwall, mit dem er die Wärter durch die geschlossene Tür hindurch überschüttet. Plötzlich geht alles ganz schnell. Die Eingangstür wird geöffnet, alle Gefangenen müssen sich mit dem Gesicht nach unten flach auf den Boden legen, die Hände hinter dem Rücken verschränkt. Dass sie aufgrund des Platzmangels dabei teilweise übereinander liegen, scheint niemanden zu stören. Ein Rollstuhl wird hereingeschoben, zwei Wärter geben das Kommando, dass niemand aufblicken darf, ich werde gepackt, in den Rollstuhl gehoben, die Handschellen klicken und die Zellentür wird hinter mir wieder geschlossen. Fragend schaue ich die Wärter an: „Hospital?" „Exato", ist die Antwort, doch mir ist, als würden die beiden mich auslachen. Wieder kriecht meine alte Bekannte aus den dunklen Löchern meiner Seele hervor: Die Angst. Ich schließe meine Augen, versuche mich zu beruhigen, nichts hilft. Schließlich summe ich „Der Mond ist aufgegangen" vor mich hin. Es ist mir egal, dass die Wärter mich völlig verständnislos ansehen und glauben, nun sei ich vollends verrückt geworden. Sollen sie es doch glauben … vielleicht bin ich es ja auch. Zumindest hat sich die Angst durch das Summen wieder verkrochen. Meine Augen lasse ich geschlossen und ich konzentriere mich darauf, tief und ruhig zu atmen. Vor uns wird die Tür aufgemacht und ich spüre die Sonne auf meiner Haut. Ich hatte schon ganz vergessen, wie wunderbar Sonnenstrahlen sein können. Diesen Augenblick will ich festhalten, damit ich mich immer wieder daran erinnern kann, doch kaum sind wir in dem nebenan liegenden Krankentrakt, ist auch schon diese herzerwärmende Erinnerung wieder gelöscht. Feuchte Hitze schlägt uns aus dem „Hospital" entgegen. Hier riecht es muffig, aber das ist auch kein Wunder, denn bei Regenwetter steht das Wasser 50 Zentimeter hoch, weil es nicht abfließen kann, erzählt mir einer der Wärter in gebrochenem Englisch. An den Wänden des Vorraumes sind die Wasserstände bei „Flut" durch Striche markiert. „Wer während solch einer Regenzeit aus Versehen aus seinem Krankenbett fällt, kann ertrinken", durchfährt es mich und ich bin heilfroh über die gerade herrschende Trockenzeit.

Der Eingang zum „Hospital" ist durch mehrere Gittertüren gesichert. Jede Tür wird von Wärtern bewacht. Auf der anderen Seite der Sicherheitszone ist ein Gang, von dem rechts und links jeweils sechs Zimmer abgehen. In eines davon werde ich geschoben. Bevor sich die beiden mich eskortierenden Wärter wortlos zurückziehen, lösen sie noch meine Handschellen.

Ein Mann im mittleren Alter betritt den Raum. Sein weißer Kittel ist ihm zu klein und deckt nur spärlich seine stark tätowierten Arme ab. Als er mich anlächelt, strahlen mich aus seinem Mund vier Goldzähne an. Er beugt sich über eine Anrichte, aus der er ein Blutdruckmessgerät holt. Dabei sehe ich die Zahl, die in seinem Nacken tätowiert ist, und mir wird klar: Hier habe ich es nicht mit einem richtigen Arzt zu tun. Nein, ich werde von einem Langzeitgefangenen untersucht. Ach, deshalb haben mich die beiden Wärter auch ausgelacht, als sie mich aus der Auffangzelle holten! Sie hatten natürlich gewusst, dass sie mich vom Regen in die Traufe brachten.

Der „Arzt" spricht kein Wort Englisch. Er schaut auf einen Zettel, auf dem handschriftlich etwas notiert ist. Besorgt blickt er zuerst mich an und dann wieder auf seinen Zettel. Er schüttelt den Kopf und seufzt leise. Dann wieder Kopfschütteln, gefolgt von einem mitleidigen Blick. Mir wird abwechselnd kalt und heiß und ich befürchte, wieder ohnmächtig zu werden. Was soll dieses Getue? Steht es wirklich so schlecht um mich? Das einzige Utensil, was dem Arzt scheinbar zur Verfügung steht, ist dieses Blutdruckmessgerät. Ansonsten kann ich keine Instrumente oder Hilfsgeräte entdecken. Egal. Mir ist ohnehin alles egal. Der „Arzt" überprüft meinen Blutdruck, schaut mich erschrocken an und bekreuzigt sich. Dann wiederholt er die Prozedur: Blutdruck messen, mich mit aufgerissenen Augen anschauen, sich bekreuzigen. Schließlich zuckt er hilflos mit den Schultern, als wolle er sagen: „Da kann ich auch nichts mehr machen", gibt mir eine Spritze in den Oberarm und schiebt mich in das Sterbezimmer.

Zumindest halte ich es für ein Sterbezimmer. Überall hängen Kruzifixe, eine Bahre steht in der Ecke, die Fenster sind verdunkelt und es riecht nach Tod. „Wie viele Menschen wohl aus diesem Raum schon mit einem Namenszettel am Zeh mit den Füßen voraus tot hinausgeschoben wurden?", frage ich mich, während mich der „Arzt" mit aller Kraft aus meinem Rollstuhl auf eine an der Wand stehende

Liege hievt. Wieder bekreuzigt er sich, schaut mich noch ein letztes Mal an, bevor er sich kopfschüttelnd und leise vor sich hin klagend aus dem Zimmer entfernt. Und ich bleibe alleine zurück, von Gott und Menschen verlassen, und warte auf mein Ende.

27. DIE BEGEGNUNG

Eva sitzt am Wohnzimmertisch, zerknittert den vor ihr liegenden Zettel mit einem Seufzer, widersteht dem Drang, ihn einfach wütend in die Ecke zu werfen, steht auf und bugsiert ihn in den Mülleimer – wie sich das gehört. Thomas' vier Jahre ältere Schwester fühlt sich gerade so hilflos, dass sie schreien könnte. Doch das macht sie selbstverständlich nicht, denn dazu ist sie viel zu sehr Herrin ihrer Gefühle. Das heißt nicht, dass sie gefühllos wäre. Ganz im Gegenteil: In ihr verbinden sich ihre Herzenswärme und ihr logisches Denken zu einem Zwillingspaar, das sich untrennbar an den Händen hält.

„Wie kann ich nur meinem Bruder helfen?", fragt sie sich in jeder freien Minute ihres sonst so arbeitsintensiven Alltags. Gerade hat sie zum x-ten Mal versucht, ihre Gedanken und Gefühle niederzuschreiben. Erfolglos. Briefeschreiben liegt ihr gar nicht und es ist komisch: Sobald sie sich hinsetzt und etwas schreiben will, ist ihr Kopf leer, gähnend leer. Sie muss schmunzeln, als sie an ihre ersten Ehejahre denkt. Da hatte ihr Mann Otmar aus lauter Mitleid die Briefe ihrer Freundinnen beantwortet, weil er nicht mit ansehen konnte, wie selten Eva selbst zum Stift griff, um zurückzuschreiben.

Ihr Blick wandert über die Bilder an der Wand: „Alle Dinge dienen zum Besten denen, die Gott lieben", steht auf dem einen. Und direkt daneben: Thomas, im Silberrahmen, lebenslustig und froh. Gibt es einen tieferen Sinn hinter seiner Inhaftierung? „O Gott, bitte zeige doch meinem Bruder deine Liebe! Gerade jetzt! Sei bei ihm in der Zelle und hilf ihm. Das bitte ich dich im Namen Jesu!" Das laut ausgesprochene Gebet gibt ihr innere Festigkeit. Seitdem Eva von der Gefangennahme ihres Bruders erfahren hat, betet sie immer wieder gemeinsam mit ihrem Mann für ihn. Auch in dem Hauskreis, in dem Otmar ehrenamtlich Bibelstunden hält, wird regelmäßig für Thomas gebetet.

Eva setzt sich wieder hin, und startet einen neuen Schreibversuch. Heute an ihrem freien Tag kreisen ihre Gedanken wieder ausschließlich um Thomas. Die Frage nach dem Warum und Wozu bombardiert ihr Gehirn, doch sie kommt zu keinem Ergebnis. Sie ist froh, dass sie als Kinderkrankenschwester und Mutter einen ereignis- und arbeitsreichen Alltag hat, der sie sonst häufig vom Grübeln abhält; nicht aber heute. Was soll sie schreiben? Ihr fällt einfach nichts ein. Es gäbe zu viel zu sagen und sie weiß nicht, wo sie anfangen soll. Eva seufzt und geht in die Küche.

Gestern hat sie mit deutschen Missionaren in Brasilien telefoniert, um sie zu bitten, ihrem Bruder dort im Gefängnis beizustehen. Doch leider konnte sie keinen Missionsleiter dafür gewinnen, sich um Thomas zu kümmern. „Bitte haben Sie Verständnis dafür, dass wir unseren guten Ruf hier in Brasilien nicht schädigen wollen, indem wir uns für Menschen einsetzen, die in Drogengeschäfte verwickelt sind", war die Antwort gewesen. Auf der einen Seite konnte Eva diese Reaktion ja verstehen, doch auf der anderen Seite war sie von der Unschuld ihres Bruders überzeugt. Deshalb hätten sich die Missionare ja gar nicht ihre weiße Weste durch den Umgang mit Drogendealern beschmutzt. Sollte sie vielleicht noch einmal bei ihnen anrufen? Vielleicht hatte sie sich ja gestern bei den Telefonaten nicht richtig ausgedrückt …

Hilflosigkeit überrollt sie. Eva wischt sich eine Träne von der Wange. „Weinen bringt mich jetzt auch nicht weiter", schimpft sie mit sich selbst, während sie sich eine Tasse aus dem Schrank holt. „Warmer Kaffee hält Seele und Körper zusammen", hatte die Mutter immer gesagt. Beim Kaffee Einschenken fällt ihr wieder ein, wie Thomas schon mal Bibeln in den Iran geschmuggelt hat, ohne dass Gott oder das Christentum eine größere Bedeutung für ihn gehabt hätten.

„Gott, weißt du noch?" Sie will mit Gott verhandeln. Damals, vor ein paar Jahren, wurde Thomas im Iran auf Montage eingesetzt. Er sollte Strommasten bauen und Stromleitungen ziehen. Irgendjemand aus Evas Freundeskreis hatte ihn damals darauf aufmerksam gemacht, dass unter Ayatollah Khomeini die Christen im Iran verfolgt wurden. Diese große Ungerechtigkeit wollte Thomas mit seinem Wagemut und seinem Gerechtigkeitssinn zumindest ein wenig ausgleichen, indem er seinen Koffer voller Bibeln packte, die er an den Augen der Grenzbeamten vorbei mit ins Land nahm. „Gott, Thomas hat sich schon für dich eingesetzt, als er dich noch gar nicht richtig kannte. Und dabei hat er sogar seine Freiheit riskiert! Vielen verfolgten Christen hat er mit seiner Liebe zum Risiko eine große Freude bereitet. Bitte rechne ihm das an und hilf ihm gerade jetzt in diesem Moment!" *Evas Worte klingen hohl von den Wänden wider. Sie ist verzweifelt. Sie weiß, dass niemand sich Gottes Zuwendung verdienen oder erarbeiten kann, aber sie will auch nichts unversucht lassen. „Gott, hörst du mich?" Keine Antwort. Zumindest keine hörbare, doch eine spürbare: Tiefer Friede zieht in ihr ein und jetzt hat sie auch die Ruhe zum Schreiben.*

„Lieber Thomas,

ein schnelles Fax. Der Konsul will dich heute besuchen kommen. Sag ihm, was du brauchst. Er soll es dir besorgen. Wir regeln es dann später direkt mit ihm. Wir denken alle ganz fest an dich und hoffen, dass es bald überstanden ist. Vielleicht kannst du uns ja auch ein Fax über das Konsulat schicken? Das Wetter hier ist „beschissen" – es regnet nur. Gestern Abend hat Schalke 04 gegen Inter Mailand gewonnen und sich den UEFA-Cup geholt. Jele hat bei sich zu Hause alles im Griff. Du siehst, wir sind alle gut beschäftigt. Thomas, bitte halte durch! Du bist nicht allein!!! Mama und Papa geht es gut. Papa hat es immer noch im Kreuz. Außerdem hört er ganz schlecht, sagt Mama, will aber nicht zum Arzt. Typisch, was? Oft denke ich an Psalm 23: „Und ob ich schon wanderte im Tal der Todesschatten, fürchte ich kein Unglück, denn du bist bei mir!" Daran möchte ich mich auch für dich festhalten. Lieber Thomas, sei ganz fest gedrückt und umarmt und geküsst von deiner großen Schwester Eva.

PS: Heute ist der 22.05.1997."

Eva hat ja keine Ahnung, dass der Tod gerade tatsächlich seinen Schatten über ihren Bruder Thomas geworfen hat. Dass er zeitgleich dort im Sterbezimmer des Anibal Bruno am Tiefpunkt seines Lebens angekommen ist und sie mit ihrem Zitat aus Psalm 23 wie eine Prophetin den weiteren Verlauf der Geschichte beschreibt.

28. DREI WORTE

Ich sitze in meinem Sterbezimmer und merke, wie mein Arm genau da immer mehr anschwillt, wo der „Gefängnisarzt" mir die Spritze gesetzt hat. Ich taste die Stelle ab und sie ist so heiß wie nach einem Sonnenbrand. Wer weiß, mit welcher Krankheit mich der Pseudodoktor mit seiner verdreckten Nadel vielleicht angesteckt hat. Horrorszenarien jagen mir durch den Kopf und ich habe Angst, den Verstand zu verlieren.

Man sagt ja, dass kurz vor dem Sterben das Leben noch einmal an einem vorbeiziehen würde. Genauso ist es bei mir: Ich sehe vor meinem inneren Auge, wie ich als kleiner Junge an der Hand meiner Mutter durch die Einkaufsstraßen lief, wie ich als 6-Jähriger mit einer übergroßen Schultüte eingeschult wurde und wie ich dann als 10-Jähriger auf einer Kinderfreizeit der Liebenzeller Mission zum ersten Mal Gott etwas näher kennenlernte. Wir als Freizeitteilnehmer wurden damals ermutigt, sinnbildlich unsere Hand in die Hand Jesu zu legen und unser Leben von ihm führen zu lassen. Jesus als Freund zu haben erschien mir damals als spannende Sache und so streckte ich mein kleines Kinderhändchen in die Höhe und betete leise: „Nimm meine Hand!" „Wenn du Jesus deine Hand reichst, lässt er dich nicht mehr los!" Diese Worte meines damaligen Freizeitleiters stehen plötzlich ganz real im Raum – ja, sie hallen sogar von den Wänden meines Sterbezimmers wider, erfüllen mein Inneres und mir wird klar: Es gibt nur noch einen, der mir jetzt helfen kann, und diese Erkenntnis gräbt sich wie ein Rettungsanker in den Boden meines Seins. Meine Seele, die bisher hin- und hergeworfen wurde, tobte und schäumte und sich einfach nicht mehr beruhigen ließ, bringt dieser eine Name zu Ruhe: Jesus!

Jahrelang war er mir völlig gleichgültig gewesen. Das Erlebnis auf der Kinderfreizeit hatte ich schon kurze Zeit später als Einbildung abgehakt. Ja, mir war sogar immer mehr klar geworden, dass Jesus wahrscheinlich nur dem frommen Wunschdenken einiger strenggläubiger Menschen entsprungen sein musste.

Doch jetzt ist das alles wie weggewischt. Jesus ist für mich plötzlich so real wie das Sterbezimmer, in dem ich liege. Warum denke ich gerade jetzt an ihn? Oder ist es vielleicht Jesus, der gerade an mich denkt und mich das spüren lässt? Der meine Hand in all den Jahren nicht mehr losgelassen hat, auch nicht, als ich Wege ging, die ihm bestimmt nicht gefielen?

Drei Worte formen sich in meinem Gehirn zu einer großen Sprechblase, die nur darauf wartet, aus meinem Mund schlüpfen zu können: Jesus, hilf mir! Ich bin am Ende und weiß keinen Ausweg mehr, eingekerkert in Brasilien, ohne Hoffnung auf ein gutes Ende. „Jesus, hilf mir!", flüstere ich leise. Und noch einmal, jetzt etwas lauter: „Jesus, hilf mir!"

Mehr nicht – nur diese drei Worte.

Entgegen aller Erwartungen spüre ich, dass meine Worte Wirkung zeigen. Mir ist, als ob sich die Gefängnisdecke hebt und mein Gebet direkt gen Himmel steigt. In mir zieht die Gewissheit ein: Gott hat mich erhört, und ich spüre, wie Jesus bei mir in der Zelle ist. Nicht, dass ich ihn als Erscheinung sehen oder reden hören würde. Doch in meiner dunkelsten Stunde hier im Sterbezimmer des Anibal Bruno spüre ich seine Nähe und Liebe so stark, dass ich weinen muss. Wie ein Blinder die Sonne nicht sehen kann, ihre wärmenden Lichtstrahlen aber auf der Haut fühlt und weiß, dass sie da ist, so umfängt mich die Liebe Jesu wie ein warmer Mantel der Geborgenheit und ich weiß: Jesus hilft mir. Ich weiß zwar nicht wie und ich weiß auch nicht wann, aber eines weiß ich: Ab jetzt kümmert er sich um mich.

„Danke, Jesus", schluchze ich leise, während mir die Tränen die Wangen hinabrollen. Und mir ist, als ob Jesus selbst seinen Arm um mich legt, mich tröstet und mich festhält. Der große Gott, der Himmel und Erde geschaffen hat, hat seinen Sohn zu mir in die Zelle geschickt, weil ich es gewagt habe, diese drei Worte zu beten: „Jesus, hilf mir!"

29. DER DIREKTOR

Zeitgleich sitzt Gefängnisdirektor Evandro Carvalho in seinem Büro; vor ihm liegt die Akte von Thomas Milleker. „Ich werde mich darum kümmern", sagt er noch, bevor er den Telefonhörer auflegt.

„Verdammt!" Wütend stößt er den Papierkorb mit dem Fuß um, zitiert aber umgehend seine Sekretärin herein, die das Chaos wieder beseitigen soll. „Zur Hölle mit den Deutschen hier!"

Der Wachmann vom Hochsicherheitstrakt hatte ihn gerade wissen lassen, dass „der Kannibale" außer sich vor Wut sei, weil er vom Fall Milleker gehört habe und es unverschämt fände, dass ein Deutscher im Anibal Bruno so schlecht behandelt werde.

„Der Kannibale" ist Sohn einer deutschen Milliardärsfamilie. Auf jedem Kontinent besitzt die Familie große Anwesen. Hier in Brasilien vertrieb sich der jüngste Sohn seine Zeit damit, junge, hübsche Brasilianerinnen mit seinem Charme und seinem Geld zu umgarnen und zu blenden. Sobald ein Mädchen seinen Annäherungsversuchen erlegen war, offenbarte er sein wahres Ich, indem er sie fesselte, ermordete, zerstückelte und sie nach und nach stückweise verspeiste.

Aufgrund der Vielzahl der Morde war er zu 150 Jahren Gefängnis verurteilt worden. Seine schwerreichen deutschen Eltern hatten mit entsprechenden Schmiergeldzahlungen dafür gesorgt, dass ihr Sohn eine luxuriöse Suite im Hochsicherheitstrakt eingerichtet bekam, in der es ihm an nichts fehlte. Eine Sofa- und Esszimmergarnitur aus Leder zählte er ebenso zu seiner Zelleneinrichtung wie einen überdimensional großen Fernseher, ein Videogerät, Videofilme in Hülle und Fülle, eine Stereoanlage, eine Minibar und ein geräumiges Badezimmer. Von seiner „Zelle" hatte er direkten Zugang zu der eigens für ihn eingerichteten, hochtechnisierten und modernen Küche, in der jeden Tag frisch für ihn gekocht wurde. Die Krönung der Zellengemütlichkeit ist für ihn sein Whirlpool, in dem er täglich stundenlang das warme Wasser genießt und Champagner trinkt. Seinen Tag verbringt er sonst in erlesener Designerkleidung, Friseur und Visagist statten ihm wöchentlich einen Besuch ab und auch Prostituierte darf er in seiner Zelle empfangen – nur ermorden und essen darf er sie nicht.

Die Wände hat er sich lila streichen lassen, der Boden ist mit Keramikfliesen ausgelegt und überall sorgen Spiegel und eine professionelle Beleuchtungsanlage für die richtige Stimmung.

„Schreiben Sie!", fährt Direktor Carvalho seine Sekretärin an, die schnell und ganz dienstbeflissen nach Notizblock und Stift greift.

„Anweisung an den diensthabende Beamten der Krankenstation: Der deutsche Häftling Thomas Milleker ist sofort zu weiteren Untersuchungen in das städtische Krankenhaus in Recife zu bringen. Gezeichnet Evandro Carvalho."

Die Sekretärin will gerade zur Tür hinausgehen, um die Anweisung schnellstens dem Empfänger zukommen zu lassen, da brüllt der Herr Direktor wieder von seinem Schreibtisch aus: „Halt! Zurück! Noch etwas. Schreiben Sie: ‚Interne Aktennotiz – höchste Geheimhaltung! Der deutsche Gefangene aus dem Sicherheitstrakt, „Zelle Lila", inhaftiert wegen Kannibalismus, empfiehlt uns, den Deutschen Thomas Milleker umgehend angemessen zu behandeln und ihm weitere medizinische Hilfe anzubieten. Anderenfalls wird er über seine

Eltern alle Hebel in Bewegung setzen und die Weltöffentlichkeit über Missstände in unserem Gefängnis informieren. Wir werden der Empfehlung nachkommen.'

Sie können gehen!", *schnauzt er noch seine Sekretärin an, bevor er nach dem Telefon greift, um den Krankenhausdirektor über die baldige Ankunft des Gefangenen Milleker in Kenntnis zu setzen.*

30. IM HOSPITAL

Ich staune nicht schlecht, als plötzlich gegen 17.00 Uhr die Tür zu meinem Sterbezimmer aufgestoßen wird und drei Vollzugsbeamte mich von der Bahre in einen Rollstuhl hieven. Mit einem Klick schließen sich die Handschellen wieder um meine Gelenke. Ich bin zu schwach, um mich irgendwie zu artikulieren, und lasse ohne weitere Fragen alles mit mir geschehen. Hinter der Sicherheitsschleuse öffnet sich die Tür zum Innenhof und mir bietet sich ein Anblick, den ich mein Leben lang nicht vergessen werde. Dort stehen sieben Polizeiwagen hintereinander in Kolonne, gefolgt von einem schwarzen, gepanzerten Wagen, in den ich verfrachtet werde. Nach dem Gefangenentransporter folgen weitere sieben Polizeifahrzeuge in Reihe.

Zwei Polizeibeamte setzen sich rechts und links neben mich in das Auto. So kann ich wenigstens nicht umkippen, bei meiner körperlichen Schwäche. Plötzlich schalten 14 Polizeiwagen ihre Warnsignale und Blaulichter ein, das Gefängnistor wird geöffnet und unter lautem Sirengeheule zieht der Konvoi durch den brasilianischen Feierabendverkehr.

Wie ein Schwerstverbrecher werde ich unter Einhaltung höchster Sicherheitsstandards ins Krankenhaus gefahren. Die Liebe Gottes, die mich eben in meinem Sterbezimmer umfangen hat, trage ich immer noch wie einen Mantel. Irgendwie fühle ich mich zwar sterbenskrank, bin aber nicht mehr hoffnungslos. Ich weiß ganz sicher, dass Gott sich gerade persönlich um mich kümmert, auch wenn ich die 14 Autos etwas übertrieben finde. Doch es kommt noch besser:

Vor dem Krankenhaus angekommen, springen etwa 30 Polizeibeamte aus ihren Wagen, umzingeln das Auto, in dem ich sitze, ihre Pumpguns im Anschlag. Ich werde wieder in den Rollstuhl bugsiert und ins Hospital geschoben, während die 30 Beamten immer einen Kreis um mich bilden, ihre Gewehre auf mögliche Angreifer gerichtet – die es zwar nicht gibt, die sie aber befürchten. Denn immerhin stehe ich immer noch im Verdacht, Drogenboss eines Millionendeals zu sein.

Ein Krankenpfleger zeigt uns den Weg zur Krankenstation. Wie in einem Actionfilm bahnt sich so der Überwachungstross seinen Weg durch die schmalen Krankenhausgänge, bis ich schließlich in ein Zimmer geschoben werde, das einer Gefängniszelle ähnelt. Gitter vor den Fenstern sollen wohl Ein- und Ausbrüche verhindern.

Vor meinem Zimmer werden zwei Wachen positioniert. Ich höre, wie die übrigen Polizisten sich wieder entfernen. Ihr zuerst lautstarkes Palaver nimmt immer mehr ab, bis mich schließlich völlige Stille einhüllt. Trotz meiner denkbar schlechten Lage muss ich lächeln. Zwei Decken schenken mir Geborgenheit: Die erste Decke ist die Liebe, die sich einfach über mir ausgebreitet hat, als ich Jesus um Hilfe bat. Und die zweite Decke ist der Friede, der wohl ein Weggefährte dieser Liebe sein muss. Anders kann ich mir meine innere Ruhe nicht erklären. Sie weicht auch nicht von mir, als ein Arzt mich gründlich untersucht, schwere Herzprobleme feststellt, mich mit Medikamenten versorgt und an einen Infusionstropf hängt. Ich fühle mich, als wäre ich innerlich endlich zu Hause angekommen. Über diesem Gedanken schlafe ich ruhig ein.

31. POST AUS LA PALMA

Lieber Thomas,

nun bin auch ich im Bilde. Es hat lange gedauert, bis ich erfahren habe, was dir geschehen ist. Armer Thomas, das war für dich bestimmt ein Schock! So hast du dir deine Brasilienreise wahrscheinlich nicht vorgestellt! Ich hoffe, dass es dir trotz der Umstände noch gut geht. Bitte bleibe ruhig und verliere nicht die Geduld. Deine Geschwister versuchen alles, dich so bald wie möglich aus dieser Lage herauszuholen.

Ich denke viel an dich und wir stehen alle hinter dir.

Hier auf Palma geht alles seinen gewohnten Gang. Papa hat mit dem Rücken zu tun. Wir füttern gerade einen halb verhungerten Hund durch, der uns zugelaufen ist.

Es wäre eine Lüge, wenn ich sagen würde, dass ich mir keine Sorgen mache. Ich mach mir Sorgen: Was denkst du, was fühlst du, wie ist deine Umgebung? Eine alte Weisheit besagt: „Sei freundlich zu allen, vertraulich zu niemandem." Ich glaube nicht, dass dies immer richtig ist, aber in einem für uns so fremden Land ist es bestimmt nicht verkehrt, sich daran zu halten. Ich sitze auf unserer Terrasse und vor mir leuchtet das Meer türkisblau. Du wirst das Meer auch wieder leuchten sehen – glaub mir, mein Junge.

Viel Liebe, Mama

32. GEFÄNGNISTRAKT VIER

Vier Tage und drei Nächte lang werde ich im Krankenhaus aufgepäppelt, gut versorgt und auf Medikamente eingestellt – rund um die Uhr bewacht von zwei Beamten im Schichtdienst. Der Rücktransport ins Gefängnis geht mit dem gleichen Zinnober vonstatten wie der Hintransport, allerdings mit dem Unterschied, dass es mir nun deutlich besser geht und ich auf das ganze Brimborium gefasst bin: umzingelt von 30 Beamten in 14 Polizeiwagen, die mit lautem Sirenengeheule durch Recife heizen.

Nach meiner Rückkehr aus dem Krankenhaus komme ich nicht mehr in die Auffangzelle zurück, sondern werde direkt in einen der vier Längsbauten im Innenhof des riesigen Gefängnisses geführt. Zuerst fährt die Fahrzeugkolonne durch das Haupttor in den ersten Gefängnishof. Hier werde ich direkt nach dem Aussteigen rechts und links an Wärter gekettet, die mich durch die Katakomben des Gefängnisses führen. Zuerst gehen wir an der Auffangzelle vorbei, die wir links liegen lassen. Weiter durch Trakt Eins, den Vorzeigetrakt des Anibal Bruno. Die Böden sind geschrubbt, alles macht einen sehr ordentlichen Eindruck und selbst die Inhaftierten scheinen irgendwie aufgeräumt. Hier teilen sich zwei Gefangene eine Zelle, wie es sich gehört. Die Zellen gehen rechts und links vom Flur ab, der sich durch das ganze Gebäude erstreckt. Nach diesem Trakt müssen wir noch einmal durch eine Sicherheitsschleuse und mit dieser Tür öffnet sich für mich das Tor zur Hölle. Anders kann ich es nicht sagen:

Zellentrakt Vier ist vollgestopft mit Menschen. In jeder der vom Flur abgehenden Zweimannzellen drängen sich sechs bis acht Inhaftierte. Die Zellentüren sind alle zum Innenflur hin geöffnet, in den weitere Insassen gepfercht wurden. Das Getöse einer großen Menschenmenge hallt von den Wänden wider und ich muss aufpassen, dass ich nicht beim Gehen durch den Flur auf irgendeinen schlafenden Mitgefangenen trete, der gerade auf dem bloßen Steinfußboden vor lauter Trostlosigkeit ein Nickerchen macht.

Ich werde in eine Zelle geführt, die in der Mitte des Gebäudes liegt. Sie wird nun für die nächste Zeit mein Zuhause sein.

Gerade will ich mich ernüchtert auf den Boden setzen, als ich aus der Nebenzelle einen Jubelruf höre:

„Thomas, du alter Junge! Ich dachte schon, dass ich dich nicht mehr wiedersehen würde. Aber Unkraut vergeht nicht, stimmt's?"

Wie sehr freue ich mich, Heikos Stimme zu hören. Und dank der offenen Zellentüren können wir uns im Flur treffen, um miteinander zu reden.

Nachdem sich unsere erste Wiedersehensfreude gelegt hat, fängt Heiko an, wild gestikulierend und laut auf mich einzureden. Seine Stimme überschlägt sich: „Alter, du hast gar keine Ahnung, in was für einer großen Scheiße wir sitzen! Melvin hat sich für uns mal umgehört, weil wir ja sonst von diesen Idioten nichts erfahren. Von wegen, Englisch ist eine Weltsprache … Keiner von diesen verdammten Pennern versteht mich, wenn ich was wissen will. Und du hast echt keinen blassen Schimmer, was für eine verdammte Kacke hier am Dampfen ist!"

Bisher kannte ich Heiko als jemanden, der zwar mit der

Sprache der Straße aufgewachsen war, sich selbst aber eher gewählt ausdrückte. Doch davon ist jetzt keine Spur.

Hier sitzen wir nun in Zellentrakt Vier und Heiko berichtet mir unter ständigem Fluchen, was er in den letzten Tagen durch Melvin alles erfahren hat.

Dass hier im Anibal Bruno Gefängnis nur zehn Prozent aller 1800 Insassen von einem Anwalt vertreten werden, weil sie zu arm sind, um sich einen Rechtsbeistand zu leisten. Dass hier innerhalb von drei Jahren 52 gewaltsame Todesfälle zu verzeichnen waren. Dass Gefangene gefoltert werden, um Geständnisse herauszupressen, allerdings nicht nur von Wärtern. Auch Mitgefangene brechen hin und wieder anderen Kollegen die Knochen, um die eigene Position in der Rangordnung zu verteidigen. Außerdem setze die Gefängnisleitung bestimmte Gefangene dazu ein, ihre Mitgefangenen zu bewachen. „Hauptsächlich werden dazu Angehörige von Killerkommandos aus Pernambuco ausgewählt. Stell dir das mal vor, Thomas! Wir werden hier von Killern bewacht!"

Ich bin perplex. Dass brasilianische Gefängnisse trotz des Zuckerhutes, dem steil aufragenden Granitfelsen auf der Halbinsel Urca bei Rio de Janeiro, nichts mit Zuckerschlecken zu tun haben, war mir ja klar gewesen. Aber so schlimm … leise steigt wieder Panik in mir auf.

„Erinnerst du dich an den 15-Jährigen in der Auffangzelle?", fragt Heiko und fährt ohne eine Antwort abzuwarten fort. „Weißt du, warum der hier sein Dasein fristen muss? Der hat auf einem Markt zwei Brote mitgehen lassen, wurde gefasst und ist seit zwei Jahren mit 99 teilweise Schwerstverbrechern in der 60 Quadratmeter kleinen Auffangzelle eingebuchtet! Unfassbar! Seitdem kümmert sich niemand um ihn. Er hat keinen Rechtsbeistand und seine Eltern haben kein Geld, sich für ihn einzusetzen. Zwei Jahre Gefängnis für

Mundraub, das musst du dir mal vorstellen! Und wer weiß, wie lange er hier noch sitzen muss!"

Mir wird trotz der Bullenhitze kalt. Ich denke an den Jungen, aus dessen Gesicht mich die totale Hoffnungslosigkeit angeschaut hat. Zwei Jahre Haft, weil der Hunger ihn zum Dieb gemacht hatte.

„Und hast du den Kettenmenschen noch vor Augen? Das ist ein 76-facher Mörder und seit Jahrzenten gefangen in dieser Auffangzelle!"

„Alter, wir müssen hier raus und zwar schnellstens. Ich habe mir einen Anwalt genommen. Er heißt Andrade. Wenn du willst, kann der uns auch beide verteidigen. Dann teilen wir uns die Kosten. Das wäre doch eine gute Idee, oder was meinst du? Auf jeden Fall will ich hier nicht verrecken wie die anderen armen Schweine hier. Schau dich doch mal um!"

Heikos Augen flackern panisch hin und her und diesmal bin ich als Freund gefordert. Ich lege ihm meinen Arm um die Schultern und fordere ihn auf, erst einmal tief durchzuatmen. Auch wenn sich meine Seele gerade fürchtet, hat sich doch etwas in mir grundlegend verändert: Der Same der Hoffnung, den mir Gott dort in der Todeszelle ins Herz gesät hat, als ich Jesus um Hilfe anflehte, dieser Same keimt gerade und will wachsen. Und so kann auch ich über mich selbst hinauswachsen, über meine Angst, über meine Sorgen, über meine schlimmsten Befürchtungen, weil ich weiß: Ich bin nicht mehr alleine und deshalb werde ich es schaffen – wie auch immer.

33. KONSUL GRAFE BEMÜHT SICH

„Ich möchte jetzt nicht gestört werden!", raunzt der Konsul im Vorübergehen noch seine Vorzimmerdame an, bevor er die Bürotür hinter sich schließt und sich mit einem Seufzer auf seinen gemütlichen Lederdrehstuhl fallen lässt. Was für ein Tag! Der Besuch im Anibal Bruno-Gefängnis hat ihn mitgenommen. Wie anders geht es da doch in deutschen Haftanstalten zu. Die Würde des Menschen ist unantastbar – dieser Grundsatz gehört hier im brasilianischen Gefängnisalltag ganz bestimmt nicht zu den Säulen der Gefängnisdirektiven. Obwohl die deutschen Inhaftierten wenigstens hin und wieder von ihrem zuständigen Konsul besucht werden. Sich selbst als Gutmenschen zu betrachten ist wie Medizin für seine gepeinigte Seele. Eigentlich ist er doch wirklich ein Guter. Warum bemerkt das bloß keiner?*

Zuerst hatte er sich am Morgen mit Gefängnisdirektor Carvalho getroffen, um mit ihm abzusprechen, dass der Gefangene Milleker Faxe aus Deutschland empfangen durfte. Nicht ganz uneigennützig, denn so musste er sich nicht ständig mit diesen ganzen Kinkerlitzchen abgeben und den Postboten spielen. Als wenn er sonst nichts zu tun hätte. Immerhin war er hier der Konsul! Eine Amtsperson! Und nicht ein Niemand aus Kleinkleckersdorf, der aus purer Langeweile die Post der „hochherrschaftlichen Damen und Herren aus Deutschland", wie er sie insgeheim nannte, hin- und herkutschierte. Außerdem wollte er dem Milleker ein Telefonat nach Deutschland vom Direktor genehmigen lassen. Zum Glück hatte Carvalho sich darauf eingelassen.

Der Konsul nimmt einen Schluck aus der immer griffbereiten Schnapsflasche.

„Schade, der Milleker ist nicht auf den Kopf gefallen", denkt er, als er den weiteren Verlauf seines Besuches im Gefängnis noch einmal Revue passieren lässt.

Als er Milleker sagte, dass der Anwalt Marcos Rodrigues 20.000 US-Dollar kosten würde, lehnte der deutsche Häftling sofort ab. *Und mit diesem Abwinken nahm er dem Konsul auch die Hoffnung auf eine kleine Extrazahlung für seine Vermittlungsbemühungen, die der Rechtsanwalt ihm sonst immer für solch eine Dienstleistung gezahlt hatte.* Milleker wolle sich vom gleichen Rechtsanwalt vertreten lassen wie Heiko Heller. In Grafes Augen lag darin eine Gefahr, die zu einem ungünstigen Ausgang des Verfahrens führen könnte. Immerhin hatte Milleker ihm erklärt, im Gegensatz zu Heller unschuldig zu sein. Wenn beide nun den gleichen Anwalt nahmen, schienen beide auch nach außen hin auf der gleichen Stufe zu stehen: Schuldig.

Aber egal, man kann die Menschen halt nicht zu ihrem Glück zwingen, das hatte er mittlerweile auch gelernt.

120 brasilianische Reais hatte Grafe dem Häftling dagelassen, gegen Quittung natürlich, denn das würde er sich von Millekers Familie zurückzahlen lassen; außerdem noch drei Packungen Zigaretten und einige deutsche Zeitschriften.

Das Geld konnte Milleker bestimmt gut gebrauchen. Der Zigaretten-, Alkohol- und Drogenschmuggel funktionierte im Gefängnis einwandfrei, da auch immer eine Ration für die Wärter abfiel. Auch Prostituierte wurden den Inhaftierten zugeführt, wenn diese wollten und dafür bezahlen konnten. Außerdem führten einige Gefangene einen illegalen Lebensmittelladen und andere hatten einen Pizzalieferservice innerhalb der Gefängnismauern aufgemacht. Gerade heute lief die Aktion: „Pizza mit einem Getränk für 12 Reais".

Grafe schüttelt bei der Erinnerung den Kopf. Wirklich unglaubliche Verhältnisse! Wieder brennt ihm der Schnaps die Kehle hinab.

Er wolle keinen Besuch von Verwandten, hatte Milleker ihm gleich mitgeteilt. Es ginge ihm gut und man solle abwarten.

Dass es dem Milleker mittlerweile wieder gutging, davon konnte Grafe sich überzeugen. Die ganze Zeit des Gespräches über hatte der immer so einen komischen Gesichtsausdruck, den er gar nicht einordnen konnte. So hatte er ihn vorher noch nicht erlebt. Hätte er ihn unter anderen Umständen getroffen, hätte er Millekers Ausstrahlung als „freudig entspannt" beschrieben. Aber unter diesen Umständen empfand er den Deutschen einfach nur als merkwürdig. Vielleicht stand er ja auch unter Medikamenteneinfluss. Ja, diese Erklärung war einleuchtend. Das musste der Grund sein.

Wieder einen Schluck aus der Flasche. Mühsam schraubt der Konsul sich aus seinem Bürostuhl. Der Alkohol hat ihm schon ein wenig die Sinne vernebelt. Doch für ein paar Briefe reicht es noch. Und so ruft er nach seiner Sekretärin: „Zum Diktat bitte!"

34. GEFÄNGNISALLTAG

Die Nächte in Trakt Vier sind der Horror. In den Zellen, die vom Gang rechts und links abgehen, gibt es jeweils nur zwei Pritschen, die für jene Gefangenen reserviert sind, die in der Hackordnung ganz oben stehen. Die übrigen vier bis sechs Inhaftierten pro Zelle müssen sich zum Schlafen entweder ein Plätzchen in der Zelle oder dem ohnehin völlig überfüllten Flur suchen; entweder auf einer Matte, die man sich selber irgendwo besorgt hat, oder auf dem nackten Steinfußboden.

Das Anibal Bruno bietet unter normalen Gefängnisbedingungen Platz für 700 Gefangene. Momentan teilen sich 2700 Inhaftierte den begrenzten Raum. Fünfhundert von ihnen befinden sich im Trakt Vier und sind meine „Zellengenossen", denn auch ich schlafe meistens im Gang, obwohl ich in der Regel tagsüber in meiner mir zugeteilten neun Quadratmeter großen Zelle sitze.

In jeder Zellenecke befindet sich ein Loch im Boden als Toilette. Gewaschen wird sich mit Wasser aus einem Eimer, der am Zelleneingang steht. Andere sanitäre Einrichtungen gibt es hier nicht, zumindest nicht für uns.

Vierundzwanzig Stunden am Tag fühlt man sich wie bei einer Großveranstaltung. Privatsphäre ist ein Fremdwort und Ruhe sucht man vergeblich. Der Geräuschpegel ist ständig am Anschlag der Erträglichkeit. Streit, Aggression, Depression, sexuelle Übergriffe und Schlägereien sind an der Tagesordnung und das Wachpersonal sieht weg.

Die Schwachen haben verloren und werden zu Opfern der Starken. Sie werden missbraucht, gedemütigt und mancher wird einfach zu einem Dienstsklaven degradiert. Warum? Vielleicht, weil er gerade zum falschen Zeitpunkt am falschen Ort steht, vielleicht, weil er eine falsche Handbewegung macht, vielleicht aber auch nur, weil er bloß falsch guckt.

Manchmal setze ich mich mit dem Gesicht zur Wand auf den Boden, schirme mit meinen Händen rechts und links mein Sichtfeld ab, lehne meine Stirn an die kühle Steinmauer, schließe die Augen und stelle mir vor, dass ich so ein bisschen Raum für mich habe, in den niemand sonst eintreten darf. Ich erinnere mich an meine Kinderzeit, als ich dachte, wenn ich mir die Augen zuhalte, wäre ich auch für die anderen unsichtbar. Ich muss lächeln, denn eine ähnliche Strategie wird mir hier im Anibal Bruno zur Zuflucht.

Immer wieder plagen mich die schlimmsten Albträume. Einer meiner Zellengenossen hat ein Bild von Maria, der Mutter Jesu, an die Wand gehängt und sie spielt die Hauptrolle in einem der wiederkehrenden Horrorträume: Dann tritt sie aus dem Bild heraus und kommt freundlich auf mich zu. Ich aber reiße ihr voller Wut und Aggression das Gewand vom Leib und misshandle sie. Wenn ich dann schweißgebadet aufwache, bin ich so erschüttert über mich selbst, dass ich nur noch lautlos in mich hineinweinen kann. Ich will so etwas nicht träumen! Das würde ich doch im Leben nie tun! In solchen Momenten, in denen ich mich vollkommen verloren fühle, hole ich mir ein kleines Heftchen hervor, das mir von irgendjemandem hier im Gefängnis zugesteckt wurde. Ich kann gar nicht genau sagen, wie dieses Heftchen seinen Weg zu mir gefunden hat, doch es ist mir so wichtig geworden, dass ich es immer bei mir trage. Es ist sieben mal zehn Zentimeter groß. Auf der Vorderseite ist das Bild einer zerklüfteten Berglandschaft zu sehen. Man sieht einen Adler seine Kreise ziehen. Ein Schaf ist in einen Abgrund gefallen, doch der Hirte beugt sich zu ihm hinunter, um es zu retten. „Auxilio do alto" ist der Titel – Hilfe von oben. Die in dem Heftchen enthaltenen Bibelverse kann ich zwar nicht lesen, weil sie in Portugiesisch sind, aber das Bild spricht zu mir wie geschriebene Worte. Wenn ich es ansehe, fühle ich mich wie das Schaf, das gerade den Abgrund hinuntergefallen ist. Doch dann spüre ich auch, wie Jesus sich zu mir herabbeugt, mich aus der Grube herausholt und ich wieder festen Boden unter den Füßen habe.

Trotz der schrecklichen Albträume und Umstände hier hat sich in mir die tiefe Gewissheit breitgemacht: Ganz gleich was passiert, es ist schon in Ordnung so. Gott hat alles in der Hand und nur er bestimmt den Ausgang meines Lebens, niemand sonst.

Das heißt nicht, dass ich fortan von Panikattacken verschont bleibe. Immer wieder steht die Angst plötzlich vor mir, und sie bleibt auch weiterhin meine Weggefährtin. Doch ich weiß, es gibt einen, der über meinen Ängsten steht, der große Schöpfergott, und ihm vertraue ich jetzt. Nicht mehr und nicht weniger.

35. BRIEF AN MEINE JELE

Hallo meine liebe Schwester Jele,
ich habe gerade mit dir telefoniert. Bitte Jele, mach dir nicht
so große Sorgen um mich. Mir geht es wirklich ganz gut.

Wir können jeden zweiten Tag aus unseren Zellen in den
Gefängnis-Innenhof. Hab keine Angst. Ich sitze nicht nur
in meiner Zelle. Wir machen auch Sport und das Essen ist
auch nicht so schlecht. Die Polizisten sind freundlich zu
mir.

Jele, ich muss halt immer weinen, wenn ich deine Stimme
höre. Du weißt, dass ich dich sehr lieb habe. Bitte sei so gut
und komm mich nicht besuchen. Es kann sein, dass ich bald
freikomme, aber es kann auch sein, dass ich hier noch einige
Zeit verbringen muss. Aber glaube mir, ich habe zum Leben eine andere Einstellung bekommen und ich denke und
bin davon überzeugt: Es liegt alles in Gottes Hand. Wenn er
möchte, dass ich hierbleiben muss, so werde ich es akzeptie-
ren, obwohl es mir schwerfallen wird. Ich frage mich jeden
Tag, wann ich wohl nach Hause darf. In mir weiß ich aber,
dass ich bald wieder bei euch sein werde.

Also, bitte hab keine Angst vor dem mir bevorstehenden
Urteil. Wenn die Verhandlung schlecht läuft, habe ich noch
immer weitere Möglichkeiten. Allerdings brauche ich dann
einen eigenen Anwalt.

Am 05.06.1997 habe ich gemeinsam mit Heiko meine
erste Anhörung zur Sache. Bitte, meine über alles geliebte

Schwester, denke weiter an mich. Das hilft mir. Und eines weiß ich: Jesus Christus ist mit mir. Ich spüre ihn ganz deutlich.

Dein Bruder Thomas

36. HAUPTKOMMISSAR RALF BECKER

Seit Tagen steht das Telefon im Büro des Hauptkommissars der Pforzheimer Kriminalpolizei nicht still. Auch wenn der Fall Heller/Milleker schon Anfang des Jahres aufgrund des internationalen Charakters an das Landeskriminalamt Nürnberg abgegeben wurde, ist er als ortsansässiger Polizeibeamter die gefundene Informationsquelle für die umliegenden Zeitungen. Zumindest, seit sich in Pforzheim und Umgebung das Gerücht wie ein Lauffeuer verbreitet hat, Thomas Milleker hätte als verdeckter Ermittler für die Polizei gearbeitet.

„Die Leute schauen zu viel Fernsehen", grummelt Becker vor sich hin und nimmt einen Schluck Kaffee, der leider wieder einmal kalt geworden ist. Die englische TV-Krimiserie „Undercover! – Ermittler zwischen den Fronten" ist momentan der Renner in den deutschen Wohnzimmern und der Fall Heller/ Milleker angesichts des gerade beginnenden Sommerlochs der deutschen Presselandschaft ein gefundenes Fressen für alle Hobby-Detektive.

Telefonklingeln.

„Hauptkommissar Becker", meldet er sich mürrisch und weiß jetzt schon, was der Anrufer am anderen Leitungsende von ihm will.

„Guten Tag, Herr Becker. Ich bin PZ-Redakteur und wollte gerne wissen ... "

„Die Antwort ist: Nein!"

„Wie, die Antwort ist Nein!? Sie wissen doch gar nicht ... "

„Nein, Thomas Milleker arbeitet nicht als Spitzel für die Polizei.

Nein, wir sind nicht zuständig für diesen Fall. Nein, ich kann Ihnen die Telefonnummer der zuständigen Ermittlungsgruppe Rauschgift in Karlsruhe nicht geben.

Nein, ich weiß auch nicht, wer das Gerücht gestreut hat, wir hätten Thomas Milleker in das Drogenmilieu eingeschleust. Nein, wir wissen auch nicht, wie die brasilianische Polizei den Fall beurteilt und nein, wir können keine Prognosen über den Ausgang des anstehenden brasilianischen Verfahrens geben."

„Äh, ja, vielen Dank für die Auskunft!"

37. SELBSTJUSTIZ

Lautes Johlen weckt mich unsanft aus dem Dämmerschlaf. Neugierig drängen sich meine Zellengenossen an mir vorbei in den überfüllten Flur. Dass sie mir dabei über die Füße laufen, ist ihnen gleichgültig. Ohrenbetäubender Lärm aus 500 Männerkehlen erfüllt den ganzen Flachbau, Zellentrakt Vier. Ich verharre noch ein paar Augenblicke in meiner sitzenden Schlafposition mit meinem Kopf auf den Knien und warte auf das durchdringende Geräusch von Trillerpfeifen, mit denen die Wärter normalerweise die Meute wieder zur Ruhe bringen. Ich warte vergeblich. Es scheint so, als hätte sich das Wachpersonal zum Kaffeekränzchen zurückgezogen.

Ich stehe auf und dränge mich mit den anderen in den Flur. Was geht hier vor sich? Ich entdecke Heiko zwischen den Männerkörpern, die sich aneinander quetschen, um irgendein Schauspiel zu betrachten.

„Heiko! Heiko!", rufe ich laut, um seine Aufmerksamkeit auf mich zu lenken. Zwecklos. Mein Rufen geht im Geschrei der anderen unter. Plötzlich werde ich durch nachschiebende Häftlinge nach vorne geschubst. „Bloß nicht hinfallen", denke ich noch, als meine Füße gegen etwas Weiches treten. Ich sehe zwischen den ganzen Beinen einen jungen Mann, der sich in der aufgewühlten Menschenmasse nicht mehr hatte halten können und zu Boden gedrückt worden war. Doch niemand kümmert sich um ihn. Achtlos trampeln die Gaffer auf ihm herum, als wäre er irgendein Stück Müll, das man einfach niedertreten kann. Seine Augen stieren mich verzweifelt an. Schnell reiche ich ihm meine Hand, voller Konzentration, nicht selbst von den anderen niedergetrampelt zu werden. Mit letzter Kraft zieht sich der arme Kerl an mir hoch. Ich halte ihn so lange fest an mich gedrückt, bis er wieder etwas Kraft geschöpft hat und alleine dem Gedränge standhalten kann. „Obrigado", ruft er mir noch nach, während ich weiter in die Mitte des Flures geschoben werde.

Wie auf ein unsichtbares Zeichen hin wird der Mob plötzlich still. Lautlos bildet sich von einem Ende des Gebäudes bis zum anderen ein Gang. Ich werde von jemandem am T-Shirt nach hinten gezogen. Ob ich will oder nicht stehe ich Spalier, bin in vorderster Reihe direkt am Geschehen. Doch an welchem Geschehen? Was passiert hier?

Leise, fast in Zeitlupe, ziehen sich einige Männer einen Schuh aus. Manche haben Bücher oder Holzlatten in der Hand. Andere halten die Eimer in den Händen, in denen wir uns sonst waschen. Am Anfang des Spaliers steht ein brasilianischer Mittdreißiger. Die nackte Angst starrt mich aus seinen Augen an. Ein Mithäftling hat seinen Hals mit der Armbeuge fest im Würgegriff. In der anderen Hand hält er wütend und laut fluchend ein Portemonnaie in die Höhe und mir wird klar: Die Meute bereitet sich darauf vor, einen Dieb aus ihren Reihen zu bestrafen.

„Dez, nove, oito, sete, seis, cinco, quatro, três, dois, um ...", zählt der Mob den Countdown und bei null entlässt der Bestohlene den Gefangenen aus seinem Würgegriff.

Als säße ihm der Teufel im Nacken, rennt dieser durch das Spalier. Er hat nur ein Ziel vor Augen: Das andere Ende des Gebäudes. Doch vorher muss er noch seine Mithäftlinge überleben, die unkontrolliert und voller Wut mit allem, was sie in den Händen haben, auf ihn eindreschen. Vor meinen Augen entlädt sich gerade all die angesammelte Frustration der spalierstehenden Gefangenen, all ihr Schmerz, all ihre zerschlagenen Hoffnungen auf den Dieb. Diejenigen, die keinen Gegenstand ergattern konnten, schlagen mit geballter Faust zu. Nach einigen Metern bricht der Dieb bereits, getroffen von einem scharfen Gegenstand, das erste Mal zusammen. Die Meute johlt. Einige treten auf den am Boden Liegenden ein. Andere um ihn herum zerren ihn zurück auf seine Beine und stoßen ihn weiter vorwärts. Ein gnadenloser Spießrutenlauf. Blut läuft ihm das Gesicht hinunter. Seinen Blick werde ich mein Leben lang nicht vergessen. Ich schlage nicht zu, aber ich helfe ihm auch nicht. Was sollte ich auch tun? Jeder, der diesem Dieb beistehen würde, zöge sofort den Hass der anderen auf sich. Und so verfolge ich nur fassungslos das Geschehen.

Wo sind die Wärter? Warum macht hier niemand dem grausamen Treiben ein Ende? Nach Minuten, die wie in Zeitlupe an mir vorüberziehen, bricht der Häftling am anderen Ende des Flures endgültig zusammen. Blutüberströmt, den rechten Arm ausgerenkt, ein Knie verdreht, schwer atmend.

Und dann geht alles ganz schnell: Die Häftlinge gehen wieder in ihre Zellen und tun so, als wäre nichts geschehen. Normale Geschäftigkeit macht sich breit. Zwei Wärter betreten mit einer Trage den Trakt, hieven den Geschundenen hinauf und ziehen sich zurück. Ich frage mich, ob dieser den nächsten Tag überleben wird.

38. DIE ERSTE ANHÖRUNG

„Mann, siehst du scheiße aus!", begrüßt mich eine weibliche Stimme aus dem verdunkelten Polizeiauto heraus und ich staune nicht schlecht: Claudia, die inhaftierte Deutsche aus dem Untersuchungsgefängnis von Recife, die mich immer durch die Gitterstäbe hindurch beobachtet hatte, als ich dort im Innenhof des Polizeigefängnisses meine sportlichen Übungen machte, sitzt nun neben mir im Konvoi – diesmal auf dem Weg zur ersten gerichtlichen Anhörung.

Ja, die vier Wochen Haft unter diesen menschenunwürdigen Bedingungen haben bereits ihre Spuren in meiner Erscheinung hinterlassen. Wie sehr war ich sonst immer auf gutes Aussehen, schicke Klamotten, Muskelkraft und ein cooles Auftreten bedacht. Heute sieht man mir die Qualen der brasilianischen Haft offensichtlich im Gesicht an.

Meine Kollegen Heiko und Melvin sitzen im Wagen hinter uns. Wir werden mit einer Wagenkolonne von 14 Polizeiwagen unter Sirenengeheul durch die brasilianischen Straßen von Recife gefahren, aber für mich ist das ja nichts Neues mehr. Lebhaft steht mir die Fahrt ins Krankenhaus wieder vor Augen.

Das Amtsgericht 9 der Justiça Federal hat für den heutigen Tag alle anstehenden Anhörungen von deutschen inhaftierten Staatsbürgern anberaumt. Claudia hat zwar mit unserem Fall nichts zu tun, doch weil sie ebenfalls eine Deutsche ist, hat uns das Schicksal erneut zusammengeführt. „Man

trifft sich scheinbar wirklich immer zweimal im Leben ...",
sage ich zur Begrüßung und staune nicht schlecht. Doch das
ist fast das Einzige, was ich auf der dreißigminütigen Fahrt
sagen kann. Claudia redet ununterbrochen auf mich ein. Ich
wundere mich, wie ein Mensch auf so viele Worte in so kurzer
Zeit zurückgreifen kann. Inhaltlich kann ich ihr überhaupt
nicht folgen, aber das erwartet sie auch nicht. Sie erzählt und
erzählt und erzählt. Unterbrochen wird ihr Redeschwall nur
durch ihren sich an unbestimmten Stellen immer wiederho-
lenden Einwurf: „Mann, siehst du scheiße aus!"

„Ich hab's begriffen!", entgegne ich ihr irgendwann, doch
selbst das interessiert sie nicht. Und so schalte ich den inneren Knopf aus, höre einfach nicht mehr hin, was sie sagt, und
gehe meinen eigenen Gedanken nach.

Heute ist der 5. Juni. In meiner Tasche berühren meine
Finger das Fax von meiner Mutter, welches mir der Beamte noch vor der Abfahrt überreicht hat. Mein Herz tut mir
spürbar weh, wenn ich an sie denke. Mama. „Da bist du mal
in Brasilien und ich kann dich nicht nach der Copacaba-
na fragen, dem Zuckerhut, nach Rio oder Samba tanzenden
Mädchen und auch nicht, ob du eine echte brasilianische
Zigarre geraucht hast", schreibt sie. Wie sehr muss ich sie
enttäuscht haben. Und wie groß müssen ihre Sorgen sein.
Das wünscht sich bestimmt keine Mutter, ihrem Sohn Faxe
ins Gefängnis schicken zu müssen, auch nicht in die Untersuchungshaft.

„Ich hätte dir gern ein anderes Umfeld gewünscht. Kein
so beschränktes!", schreibt sie. Wie sehr habe ich sie als Teen-
ager immer ausgelacht, wenn sie mir mahnend mit auf den
Weg gab: „Sag mir, wer deine Freunde sind, dann sage ich
dir, wer du bist." Altmodisch war, wer so etwas sagte, das
stand für mich fest. Als ob ich nicht selbst bestimmte, wer
ich war. Oder vielleicht galt dieser ach so kluge Spruch ja

für die anderen Weicheier, die sich nicht gegen ihre Freunde behaupten konnten und sich mal hierhin und mal dorthin treiben ließen. Doch zu dieser Kategorie Mensch gehörte ich nicht – meinte ich zumindest.

Doch mittlerweile bin ich eines Besseren belehrt. Von meinem Freund Heiko beeinflusst, bin ich in ein Drogendelikt hineingeschlittert, das ich selbst immer noch nicht fassen kann. D-R-O-G-E-N-Schmuggel! Und nun muss ich die Konsequenzen tragen. „Sag mir, wer deine Freunde sind, dann sage ich dir, wer du bist", hallt es in meinem Kopf.

„Was fummelst du denn da dauernd in deiner Tasche herum?", unterbricht mich Claudia. „Das knistert wie ein Haschbriefchen. Konntest du etwa Gras aus dem Gefängnis schmuggeln? Lass mal sehen …"

Ich verdrehe die Augen. So viel Dummheit habe ich ihr wirklich nicht zugetraut. Doch weil sie nicht locker lässt, zeige ich ihr das Fax meiner Mutter. Schlagartig wird Claudia ruhig und liest mit: „Weißt du, lieber Thomas, ich hatte in meinem Leben öfters mal den Wunsch, in ein Kloster zu gehen. Ich stellte mir vor, dass ich dort die Zeit und vor allem die Ruhe hätte, um über Gott, mich, unsere Familie und die Welt nachzudenken. Man hat so seine Vorstellungen! Thomas, du hast nun viel Zeit zum Nachdenken. Das kann auch positiv sein. Ich wünsche es dir!"

Ich muss schmunzeln. Ja, aus jeder Situation das Positive schöpfen, das kann meine Mutter aus dem Effeff. Wie sehr hat mich das früher zur Weißglut gebracht. Heute, hier im Polizeiwagen auf dem Weg zur ersten Anhörung, tröstet mich diese Eigenschaft. Zeit zum Nachdenken habe ich in den letzten Wochen wirklich gehabt. Und ich kann sagen: Ich bin innerlich ein anderer Mensch geworden. Irgendwie sehe ich klarer und fühle mich befreiter, besonders, wenn ich mich an mein Erlebnis auf der Krankenstation erinnere: In meiner größten Verzweiflung kam Gott zu mir in die Zelle und umhüllte mich mit seiner Liebe.

Claudia schaut aus dem Fenster: „Mann, was hast du für ein Glück! So eine Mutter habe ich mir auch immer gewünscht. Und was sie schreibt … Die steht zu dir!"

Aus dem Augenwinkel sehe ich, wie Claudia sich gerade verstohlen eine Träne von der Wange wischt.

Der Konvoi hält vor dem 9. Amtsgericht der Justiça Federal. Unter höchsten Sicherheitsvorkehrungen steigen wir aus und werden in die Vorhalle geführt. Was wird mich hier erwarten? Unruhe und Angst steigen in mir hoch, doch ich versuche sie zu ignorieren. Hier trennen sich unsere Wege: Claudia wird bereits abgeführt, während ich noch auf Heiko und Melvin warte. Einmal dreht sie sich noch um, winkt mir zu und ruft: „Mann, du musst echt mal was für dich tun. Du siehst echt scheiße aus!"

39. IN DEUTSCHLAND

Mit zitternden Händen holt Thomas' „kleine" Schwester Daniele die Post aus dem Briefkasten. Seit Tagen schon liegen ihre Nerven blank. Wie sehr macht ihr die ganze Sache mit Thomas zu schaffen. Sie kann kaum schlafen, sie kann kaum essen. Ständig kreisen ihre Gedanken um ihren Bruder. Dann malt sie sich aus, was ihm alles im Gefängnis passieren könnte, denn jeder weiß doch, dass ein brasilianisches Gefängnis eher einer Folterkammer gleicht als einem Ort, an dem Gerechtigkeit herrscht. Doch am schlimmsten ist es für sie, wenn sie sich vorstellt, dass ihr geliebtes Brüderchen zu einer mehrjährigen Haftstrafe verurteilt werden könnte. Dann ist es ihr so, als würde ihr jemand den Magen umdrehen, den Hals zuschnüren und das Herz zerschneiden.

Wenn es ihr besonders schlecht geht, macht sie Gartenarbeit. Das hat sie sich so angewöhnt und das hilft ihr in der schweren Zeit. Gestern war sie gar bis 22.30 Uhr im Garten beschäftigt, wühlte in der Erde und ließ kein Unkrauthälmchen gewähren.

Zwischen all der Werbung ist ein Brief aus Brasilien. Sie muss den Brieföffner mehrmals ansetzen, weil sie sich aufgrund ihrer inneren Unruhe und des Schlafmangels völlig entkräftet fühlt und kaum den Öffner halten kann. Sie faltet das dünne Schreibpapier auseinander. Jedes seiner Worte saugt sie auf:

„Meine über alles geliebte Schwester Jele.

Was soll ich sagen? Bitte hab keine Angst um mich. Mir geht es gut.

Ich habe immer wieder ein Bild vor Augen: Wie wir zwei uns in die Arme fallen, wenn wir uns wiedersehen. Ich habe jetzt schon Tränen in den Augen, wenn ich daran denke. Ach Jele, meine geliebte Schwester, der Tag wird kommen. Alles liegt in Gottes Hand, daran glaube ich mittlerweile fest.

Jele, wenn du mit Mama und Papa sprichst, sag ihnen, wie unendlich leid es mir tut, dass ich ihnen schon mein ganzes Leben lang so viele Sorgen gemacht habe. Aber ich liebe beide trotzdem so unendlich, wie sie mich lieben, auch wenn es nicht so scheint. Bitte sag es ihnen, das sollen sie wissen.

Jele, ich muss dir auch über den Konsul schreiben. Ich habe kein großes Vertrauen zu diesem Mann. Vertraue du ihm bitte auch nicht. Er hat nur eines im Sinn: Geld.

Bekommt bitte keinen Schrecken, wenn man mir hier 20 Jahre Gefängnis aufbrummt. Das werden dann am Ende maximal zwei Jahre. Dessen bin ich mir gewiss. Hier läuft alles ein wenig anders. Das habe ich mittlerweile gemerkt.

Bitte grüß alle von mir. Es kommt, wie es kommen soll!

Euer Sorgenkind Thomas"

Jele bricht in Tränen aus. Nicht leise vor sich hin schluchzend, sondern laut und klagend. Ihr ist es egal, ob die Nachbarn sie hören oder nicht. Der Schmerz muss raus und so weint sie, bis sie nicht mehr weinen kann. Und plötzlich, als sie da so auf dem Sofa sitzt und sich zum x-ten Mal die Nase putzt, weiß sie, was zu tun ist. Ja, es ist so, als ob die ganzen Tränen ihren Kopf freigespült hätten und sie wieder klar denken kann. Und so greift sie zum Telefonhörer und ruft ihre Freundin in Pforzheim an. „Jele hier am Telefon. Hör mal, ich habe einen Plan …"

40. EIN UNERWARTETES WIEDERSEHEN

Melvin, Heiko und ich werden von jeweils zwei Polizeibeamten in den Saal 4 des 9. Amtsgerichtes Justiça Federal geführt. Etwa 100 Personen sitzen dort im Zuschauerraum und verfolgen das Geschehen im Anhörungssaal. Der mit der Aufschrift IMPRENSA ausgewiesene Bereich für die Presse ist berstend voll. Gerichtsjournalisten, Fernsehteams und Fotografen halten auf Bild, Ton und Papier alles fest, was ihnen wichtig erscheint. Der uns vorgeworfene Drogenschmuggel in Millionenhöhe ist ein gefundenes Fressen für die Yellow Press. Blitzlichtgewitter begleitet uns auf dem Weg zu dem abgetrennten Hochsicherheitsbereich, in dem die Häftlinge samt Übersetzer und Anwalt Platz haben.

Mit Betreten des Saales ist eine Ruhe in mir eingekehrt, die ich kaum beschreiben kann. Ich spüre wieder diesen mir mittlerweile wohlbekannten Mantel der Liebe, der sich um mich gelegt hat und meine Seele beruhigt. Eines weiß ich ganz genau: Gott ist da und er kümmert sich um mich.

Uns dreien wurde ein gemeinsamer Pflichtverteidiger zur Seite gestellt. Doch ich habe nach wie vor große Zweifel, ob er diese Aufgabe wirklich erfüllen wird. Ein Gutes hat es allerdings: Der Anwalt arbeitet in dieser Phase der Verhandlung kostenfrei für uns. So sparen wir uns wenigstens die 20.000 US-Dollar pro Person, für die der Konsul uns einen Verteidiger besorgen wollte.

Mein Blick durchstreift den Zuschauerraum und bleibt an

Konsul Grafe hängen. Der sieht mich nicht, sondern starrt mit leerem Blick vor sich hin und wartet auf den Beginn der Verhandlung. Reine Pflichterfüllung.

Ich nehme neben meinen Freunden Platz. Um uns herum ist Panzerglas und ich frage mich nunmehr wohl zum hunderttausendsten Mal, wie es sein kann, dass ich vom Nobody zum mutmaßlichen Schwerverbrecher mutiert bin. Allein diese Vorstellung bringt mich zum Lächeln – vielleicht kann man hier auch im wahrsten Sinne des Wortes von Galgenhumor sprechen. Ich muss mich zusammenreißen, um nicht laut loszulachen bei diesem absurden Gedanken, in den Augen anderer ein wichtiger Drogendealer zu sein.

Blitz, blitz, blitz machen die Kameras und ich kann mir die Schlagzeilen in den Tageszeitungen schon genau vorstellen: „Drogenboss Milleker gefasst – überheblich grinsend genießt er Publicity".

Noch einmal geht die Tür zu Saal 4 auf. Ich kann kaum glauben, wen ich mit hastigem Schritt hereinkommen sehe: Peter Ritter, den Engel aus dem Polizeigefängnis, der etwa siebzigjährige schmächtige Deutschlehrer mit seinen zerzausten Haaren und der Nickelbrille vom Samariter-Dienst, der ehrenamtlich deutsche Inhaftierte in den Gefängnissen besucht – und der auch mich besucht hatte. Irgendwie freue ich mich ihn zu sehen und lächle ihm zu. Er lächelt kurz zurück, setzt sich neben uns und wühlt in seiner Tasche. Er ist heute als Übersetzer für uns engagiert.

Die Sitzung wird eröffnet, unser Fall verlesen, unsere Namen genannt und dann beginnt die erste Anhörung.

Melvin ist als erster an der Reihe und was er sagt, lässt uns alle kopfschüttelnd und mit offenem Mund dasitzen. Ich weiß ja, dass er ein Halunke ist, aber ich hätte mir nicht träumen lassen, dass er sich solch eine haarsträubend erstunkenene und erlogene Geschichte ausdenken würde.

Seine Eltern seien herzensgute Menschen, die ein kleines Geschäft betreiben und aus unerfindlichen Gründen von der surinamischen Drogenmafia bedroht worden seien: Entweder sollte ihr Sohn, also Melvin, Drogen für die Mafia aus Brasilien nach Deutschland schmuggeln, oder sie würde das Geschäft der Eltern in Schutt und Asche legen und sie ermorden. Und so … (und an dieser Stelle schluchzt er herzzerreißend, bricht in Tränen aus, schüttelt sich vor Herzeleid und spricht dann erst gebrochen weiter) war … er … gezwungen … gewesen, … bei … diesem … schrecklichen … Drogenschmuggel … mitzumachen, … den … er … eigentlich … verachtenswert … fände, … aber … sonst … wären … ja … seine … Eltern … unschuldig … (er schnäuzt lautstark seine Nase) unschul… (die Stimme bricht ihm weg, er muss sich einige Sekunden lang sammeln) unschuldig … hingerichtet worden! Und an dieser Stelle wirft er seine Arme hilflos in die Luft, sucht mit verzweifeltem Blick die Kameraobjektive, um sicherzugehen, dass seine Inszenierung auch festgehalten wird, bevor er laut lamentierend auf seine Knie sackt und für alle hörbar „Mama!" schluchzt.

Regungslos folgt der vorsitzende Richter Melvins Ausführungen. Er scheint von dessen emotionalen Ausbrüchen unberührt, bittet ihn kühl, sich zu setzen und fordert Heiko als Nächsten auf, Stellung zu dem uns vorgeworfenen Drogendelikt zu nehmen.

Ruhig und nach außen hin gefasst antwortet Heiko auf den Fragenschwall, der ihn trifft. Dass seine Knie zittern, bemerke nur ich. Ausgemergelt sieht er aus. Sein sonst so muskelbepackter Körper erscheint schmächtig in dem ihm mittlerweile etwas zu großen T-Shirt. Ja, die Natur nimmt ihren Lauf, denn Muskeln müssen trainiert werden, damit sie sich nicht in Luft auflösen.

Ich kann mich allerdings nicht auf das konzentrieren, was

Heiko sagt. Der kalte Blick des Richters hat mich paralysiert. Wie schon so oft vorher ist mir auch in dieser Situation wieder klar, dass die Entscheidungsträger dieser Anhörung ihr Urteil über uns bereits gefällt haben, bevor der Tag heute begann. Diese ganze Verhandlung ist eine einzige Farce, eine Vorführung vor der Presse, ein abgekartetes Spiel, bei dem es gar nicht darum geht, die Wahrheit herauszufinden. Der Verlierer steht schon lange fest, durchfährt es mich. Und dieser Verlierer werde ich sein.

Mir wird kalt und es fühlt sich an, als hätte mir jemand den wärmenden Mantel der Liebe weggenommen. Gleich bin ich an der Reihe und ich habe nur einen inneren Wunsch: „Gott, hilf mir, dass ich nicht lüge. Ich will nicht lügen!"

Ich wundere mich selbst über diesen frommen Wunsch. Früher hätte ich überhaupt keine Gedanken daran verschwendet, ob lügen nun notwendig, falsch oder richtig ist. Gerade Notlügen waren für mich vollkommen in Ordnung gewesen: In der Not durfte man lügen. Und jetzt? Seitdem Gott mich in meinem Sterbezimmer besucht hatte, will ich erstaunlicherweise irgendwie ein besserer Mensch sein.

„Thomas Milleker por favor", sagt der Richter und schaut mich auffordernd an. Ich räuspere mich, blicke Peter Ritter an, der mir mit einem Nicken signalisiert, dass es losgehen kann, und dann stelle ich mich den Fragen des Richters. Klick, klick machen die Kameras, denn als mutmaßlicher Drahtzieher bin ich der Obergangster in diesem Alptraum. „Gott, hilf mir!", fleht meine Seele, während mein Mund redet.

41. ANWALTSBÜRO ROSE

Daniele Milleker sitzt mit ihrer Freundin in einer Anwalts-
kanzlei. Zwischen ihnen und Anwalt Rose steht ein gewal-
tiger Schreibtisch, auf dem nichts anderes liegt als ein wert-
voller Füller auf einer schwarzen Lederschreibunterlage, ein
weißer Block, ein Telefon und eine Gegensprechanlage. Auf
der Schreibtischplatte ist nicht ein einziges Staubkörnchen
zu entdecken. Rechts im Aktenschrank stehen fein säuberlich
beschriftet die Ordner seiner Klienten – alphabetisch sortiert.
Überhaupt gleicht das Büro eher einem Ausstellungsraum als
einem Arbeitszimmer. Dieser aufgeräumte Gesamteindruck
beruhigt Jele. Wenn Herr Rose bei der Bearbeitung seiner Fälle
so akribisch ist wie bei der Verwaltung seiner Akten und der
Ordnung auf seinem Schreibtisch, ist sie mit ihrem Anliegen
bei ihm gut aufgehoben.

Gestern hat sie noch mit ihrem Bruder Thomas telefoniert.
Er erzählte ihr von der ersten Anhörung, die ihm heute, am
05.06.97, bevorstand. Und sie erzählte ihm von ihrer Idee:

Sie will Anwalt Rose gewinnen, Thomas dort in Brasilien
von Deutschland aus zu vertreten. Dann ist sie wenigstens si-
cher, dass er einen vernünftigen Rechtsbeistand hat, der nicht
nur ans Geld denkt. Ob und inwieweit eine anwaltliche Vertre-
tung von Deutschland aus praktisch umsetzbar ist, ist ihr dabei
eigentlich gleich. Sie will nicht mehr länger herumsitzen und
vor lauter Sorgen und Weinen psychisch immer labiler werden.
Schluss damit.

„Frau Sumpf, bitte zwei Kaffee für die Damen und ich nehme wie immer einen Tee. Danke!" Anwalt Rose drückt die Taste zum Ausschalten der Gegensprechanlage und wendet sich mit offenem und freundlichem Blick den Hilfesuchenden zu.

Mit fester Stimme erzählt Daniele von ihrem Bruder Thomas, wie er unschuldig in das ganze Dilemma hineingeraten ist, dass er nun in dem berühmt-berüchtigten Gefängnis von Recife, dem Anibal Bruno, einsitzt und auf seine erste Verhandlung wartet, die ebenfalls heute stattfinden soll. Dass sie von seiner Unschuld hundertprozentig überzeugt ist, dass der nach außen hin so freundliche deutsche Konsul ein geldgieriger Geier ist und dass auch die brasilianischen Anwälte zuerst das Dollarzeichen und dann den Menschen im Blick haben. Ganz ruhig berichtet sie, dass Thomas zuerst die Idee hatte, sich gemeinsam mit Heiko Heller von dessen Verteidiger vertreten zu lassen. Dass sie ihm abgeraten habe, ja sogar anflehte, er solle das auf gar keinen Fall tun, um nicht seitens der Richter mit Heiko Heller in einer Schublade zu landen, nach dem Motto: „Ach, die beiden haben den gleichen Verteidiger? Dann sind sie ja auch beide bestimmt in gleichem Maße schuldig."

Frau Sumpf bringt die heißen Getränke und ein wenig Gebäck und verschwindet wieder lautlos und dienstbeflissen im Vorzimmer.

Nach etwa einer Stunde steigen Daniele und ihre Freundin wieder in ihren Wagen. Rundum zufrieden und fast schon ein wenig glücklich fährt Thomas' kleine Schwester heute nach Hause. Sie hat wieder Mut gefasst, dass am Ende doch noch alles wieder gut wird.

Anwalt Rose spricht derweil in sein Diktiergerät:

„Sehr geehrter Herr Milleker, Ihre Schwester Daniele, mit der Sie zuletzt gestern telefoniert haben, teilte mir Ihren Wunsch mit, dass ich Sie anwaltlich vertrete, soweit es von Deutschland aus möglich ist.

In der Anlage erhalten Sie eine auf mich lautende Vollmacht mit der Bitte, diese unterzeichnet zurückzureichen.

Dieses Schreiben wird in deutscher Sprache geschrieben sowie eine Abschrift in portugiesischer Übersetzung beigefügt, sodass die Sie kontrollierenden Behörden wissen, was geschrieben ist. Ich vermag von hier nicht zu beurteilen, ob Sie mit mir als Ihrem Anwalt des Vertrauens per Post kommunizieren dürfen, da ich in Brasilien nicht zugelassen bin.

Bitte teilen Sie mir umgehend mit, wie der Staatsanwalt heißt, der gegen Sie das Verfahren führt. Können Sie mir auch bitte Namen und Anschrift des Verteidigers von Heiko Heller nennen, damit ich mit diesem Kontakt aufnehmen kann?

Auch das Aktenzeichen wäre hilfreich, um in dieser Sache besser an Informationen heranzukommen.

Vermutlich wird man Ihnen einen Pflichtverteidiger stellen. Ich gehe davon aus, dass sich das Strafprozesssystem in Brasilien insoweit nicht von anderen, nämlich in Kernbereichen von unserem, unterscheidet.

Ich kann offen sagen, dass in Pforzheim das Gerücht herumging, Sie hätten als V-Mann für die Polizei gearbeitet. Dies wurde natürlich von der gemeinsamen Ermittlungsgruppe Rauschgift in Karlsruhe, die ich entsprechend kontaktierte, zurückgewiesen.

Mir ist natürlich nicht bekannt, ob Sie im Sinne des gegen Sie erhobenen Vorwurfes, nämlich am Handel von Kokain beteiligt zu sein, schuldig sind. Nach den Informationen, die ich über Ihre Schwester erhalten habe, sollen Sie damit nichts zu tun haben. Vielmehr sollen Sie Herrn Heller, da sie arbeitslos waren, begleitet haben, der nach seinen Erklärungen Ihnen gegenüber eine Imbisskette in Brasilien eröffnen wollte.

Die Frage ist natürlich wohl auch sicherlich die, ob man Ihnen glaubt, wenn Sie erklären, nur zufällig mitgeflogen zu sein. Sie wissen auch aus dem deutschen Strafrecht, dass Beschuldigte grundsätzlich die Unwahrheit sagen dürfen.

Mit freundlichen Grüßen
Rose
Rechtsanwalt"

42. FÜRCHTE DICH NICHT

Mit weit aufgerissenen Augen, am ganzen Körper zitternd und schweißgebadet sitze ich in der darauffolgenden Nacht stocksteif und kerzengrade aufgerichtet auf meiner Matte. Der Mond scheint fahl durch die Gitterstäbe und taucht die Zelle in sein geisterhaftblasses Licht. Meine Zellengenossen sägen ganze Wälder mit ihren Kehlen, oder sind es die Kreissägen, von denen ich gerade geträumt habe? Irgendwie habe ich das Gefühl, noch in meinem Albtraum gefangen zu sein. Die Traumwelt und das Hier und Jetzt vermischen sich in meinem Kopf. Wie komme ich da bloß raus? Von Panik geschüttelt springe ich auf. Ich will raus hier! Doch wohin? Die Tür zum Innenhof von Trakt Vier ist wie jede Nacht abgeschlossen. Auf keinen Fall darf ich durch irgendeine unbedachte Handlung meine Mitgefangenen wecken. Gerade gestern wurde einem durch einen rechten Haken das Nasenbein gebrochen – nur weil er durch sein Naseschnauben einen Mithäftling geweckt hatte und dieser in rasender Wut darüber völlig ausgetickt war. Vorsichtig setze ich mich zurück auf meine Schlafstelle und lehne mich mit meinem Rücken an die kühle Zellenwand, die Knie angezogen. Ich weiß nicht, wie lange ich in dieser Stellung wie ein vor Schreck erstarrtes Kaninchen kauere. Wenn nur diese Albträume endlich ein Ende hätten. Absurd und bestialisch sind sie und allein die Tatsache, dass ich überhaupt in der Lage bin, so etwas zu träumen, beschämt mich zutiefst. Wie kann ich nur so etwas von meiner eigenen Mutter träumen? Dass sie hier in der Zelle, dass sie hier mit all den Männern … Die Kreissäge schrillt erbarmungslos durch die Nacht und jemand greift nach mir, um mir den Kopf abzuschneiden. Ich kneife mich so stark, dass ich mich beherrschen muss, nicht aufzuschreien. Ich muss aus diesem Albtraum aufwachen! Thomas, wach auf! Vielleicht hilft ja beten. „Gott …“ Ich kann nicht. Beten ist völlig sinnlos, denn die Angst hat mich ganz in ihrem Griff. Sie füllt mich aus und lässt nur noch Gedanken zu, die sie noch mehr beflügeln. Ich fühle mich wie das Opfer einer Treibjagd, getrieben von der Angst mit all ihren Dämonen, zur Musik der Kreissäge, im geisterhaften Spotlight des brasilianischen Mondes – Horror pur!

Mein vor Furcht irrer Blick fällt auf das Fax, das ich gestern von meiner Schwester Eva bekommen habe. Was schrieb sie noch? Ich kann mich nicht erinnern. Innere Panik dominiert mein Gehirn. Ich nehme das Papier in meine zitternden Hände, falte es auseinander und halte es so, dass der Mondschein das Blatt erhellt, und lese: „Fürchte dich nicht, denn ich habe dich erlöst, ich habe dich bei deinem Namen gerufen, du bist mein!“ (Jesaja 43,1) Mit einem Mal wird das fahle Mondlicht zu einem Scheinwerfer, der mir diesen Vers geradewegs ins Herz strahlt. Es ist Gott, der meine Schwester mit ihrem Fax gebraucht, um mir hier in meiner Zelle, in tiefster Dunkelheit, geplagt von schrecklichen Albträumen, zuzusprechen: Hab keine Angst, lieber Thomas. Ich kenne dich. Ich weiß, wie du heißt, und ich habe dich bei deinem Namen gerufen. Du gehörst zu mir und ich gehöre zu dir.

Leise flüstere ich den Vers noch mal vor mich hin: „Fürchte dich nicht, denn ich habe dich erlöst, ich habe dich bei deinem Namen gerufen, du bist mein!“ Und plötzlich ist der Spuk in meinem Kopf vorbei. Eine Decke inneren Friedens legt sich wieder über meine Seele, die mich wärmt und alle Angst zurück in ihre Löcher treibt. Ich lege mich zurück auf meine Schlafstelle, das wertvolle Fax in meinen Händen, als wolle ich es nie wieder loslassen. Du hast mich bei meinem Namen gerufen, mein Gott. Und du selbst sprichst mir Mut zu: „Fürchte dich nicht!" Danke, danke, danke … Ich gleite in einen ruhigen und tiefen Schlaf und meine Hände ruhen gefaltet auf dem Zettel auf meiner Brust, mit den Worten, die sich tief in mein Inneres eingegraben haben: „Fürchte dich nicht …!"

43. BRIEF AN JELE

Meine liebe Schwester Jele,
jetzt bin ich bereits vier Wochen im Gefängnis und ich hoffe, diese Zeit ist bald vorüber. Ich hatte gestern die erste Gerichtsverhandlung, für die ich nun doch den gleichen Anwalt hatte wie Heiko. Ich weiß, der Gedanke gefällt dir gar nicht, aber es ist, wie es ist. Irgendwie war mein größter Wunsch während der Verhandlung, nicht lügen zu müssen. Denk mal, der Richter fragte mich ausschließlich Dinge, die ich frei und ehrlich beantworten konnte, ohne mich oder andere zu gefährden. Das hat mir viel Mut gemacht und mein Gottvertrauen gestärkt. Ich denke, dass die Anhörung für mich ganz gut lief. Auch das Konsulat bestätigte mir das. Trotzdem habe ich große Zweifel und weiß nicht mehr, wem ich trauen kann. Ich habe Angst, dass ich hier eine lange Zeit bleiben muss. Jeden Tag bete ich, dass es nicht so kommt, denn ich möchte euch alle bald wiedersehen. Jele, ihr müsst mir alle viel schreiben! Wenn ich eure Briefe lese, bin ich im Herzen immer zu Hause.

Ich denke, dass der Rechtsanwalt Rose von Deutschland aus keinen Einfluss nehmen kann. Nun stehen noch zwei Verhandlungen an, in denen auch Zeugen zu Wort kommen. Ich frage mich bloß, wen sie da aufgegabelt haben.

Das Konsulat meldet sich alle 14 Tage bei mir und bringt mir Geld von euch. Danke dafür! Du kannst dir ja denken, dass ich das sehr dringend gebrauchen kann. Jele, die Tage hier werden für mich allmählich zur Gewohnheit. Ich habe zu essen und zu trinken und verhalte mich still. Wenn man nicht auffällt, bekommt man auch keinen Ärger. Was mich allerdings viel Kraft kostet sind die ewigen Verhöre über Drogen, mit denen ich nichts zu tun hatte.

Mama hat gesagt, dass alles einen Sinn hat. Mittlerweile glaube ich das auch – daran halte ich mich fest. Meine über alles geliebte Schwester Jele, wir werden uns bald in Deutschland wiedersehen.

Mit viel Liebe an euch alle,
Thomas

44. „DEINE GROSSE SCHWESTER EVA!"

Erkrath, den 18.06.1997

Lieber Thomas,

ganz herzlichen Dank für deine Nachrichten, die wir immer wieder per Fax bekommen. Wir freuen uns alle sehr, wenn wir etwas von dir hören. Sehr viele Menschen denken an dich. Vom Auswärtigen Amt hörten wir, dass die Hauptverhandlung so um den 20. Juni stattfindet. Wir denken ganz fest daran. Von deinen Brüdern soll ich dich auch herzlich grüßen. Wie sieht dein Tagesablauf aus? Hast du Kontakt zu anderen Menschen? Was ist mit der Sprache? Schreib uns und erzähle ein bisschen. Bei uns hat es neulich sintflutartig geregnet. Das ganze Tal war überschwemmt. Bei unseren Nachbarn stand das Wasser in der Wohnung. Otmar arbeitet zurzeit sehr viel und kommt immer spät nach Hause. Deshalb ist der Rasen inzwischen eine hohe Wiese. Am Wochenende wird gemäht. Jele hat das „Unkraut zupfen" entdeckt. Sie findet es beruhigend. Mit Mama sprach ich vorgestern. Sie war ganz zuversichtlich. Die Losung der Herrnhuter Brüdergemeine für heute lautet: „Verlasst euch auf den Herrn immerdar; denn Gott der Herr ist ein Fels ewiglich." (Jesaja 26,14) Und der dazu gewählte Vers aus dem Neuen Testament heißt: „Christus war treu als Sohn über Gottes Haus. Sein Haus sind wir, wenn wir das Vertrauen und den Ruhm der Hoffnung festhalten." (Hebräer 3,6) In diesem Sinne sei ganz fest gedrückt, umarmt und geküsst. Deine große Schwester Eva

45. HILFERUF

Ich halte das Fax meiner Schwester Eva in den Händen. Gerade wurde es mir in meine Zelle gebracht. Ich habe noch keine Kraft es auseinanderzufalten, halte es einfach ungelesen in meiner Hand, die schlaff neben mir auf dem Boden ruht.

Jetzt sitze ich schon seit Wochen im Gefängnis. Immer wieder überkommt mich eine tiefe Hoffnungslosigkeit. Meine Nerven spielen verrückt. Einer meiner Zellengenossen hat sich von seiner Familie einen Fernseher bringen lassen, der den ganzen Tag mit ohrenbetäubender Lautstärke läuft. „Oi! Amigo, cigarro?" Wohl schon zum zwanzigsten Mal werden mir Zigaretten angeboten – zu Gefängnis-Schwarzmarkt-Preisen natürlich. „No, gracias", entgegne ich trotzdem freundlich. Ich habe keine Ahnung, wie ich trotz allem meinen Mitgefangenen immer noch mit einer gewissen Portion Respekt und Freundlichkeit begegnen kann. „Das kann nur Gott sein, der mir Tag für Tag hilft", durchfährt es mich.

Diesen Tag hätte man wirklich aus dem Kalender streichen können. Um 10.00 Uhr hätte ich meine zweite Verhandlung haben sollen, war wieder mit großem Aufwand zum Gericht transportiert worden, nur um dort festzustellen, dass die bestellten Zeugen nicht anwesend waren. Und so wurde die Verhandlung abgeblasen und ich muss weiter voller Ungewissheit warten. Warten, dass die bestellten und wahrscheinlich gekauften Zeugen die Güte haben, an meiner

Verhandlung teilzunehmen, um mich wahrscheinlich mit viel Getöse vollends in die Scheiße zu reiten. „Ein Hoch auf die Korruption", denke ich verächtlich.

Ich bin völlig genervt und sitze in der mir zugewiesenen Ecke in meiner Zelle. Naja, wenigstens ist es „meine" Ecke. In der Hosentasche habe ich kleine Wachsreste. Ich lege das Fax noch zusammengefaltet neben mich auf den Boden und meine Finger tasten nach dem Wachs, aus dem ich kleine Ohrenstopfen forme, während ich missmutig meine Zellengenossen beim ohrenbetäubenden Fernsehgucken beäuge. Sobald ich mir die Ohren mit den Pfropfen verschlossen habe, ist mir so, als wäre ich in Watte gepackt, und eine wohltuende Stille umfängt nicht nur meine Gehörgänge, sondern auch meine Seele.

Wie gut, dass ich die lärmende Welt so wenigstens für ein paar Augenblicke aus meinem Kopf ausschließen kann. Die aufkommende Ruhe lässt auch wieder Hoffnung zu. Ach, dieses innere Hin und Her strengt mich an. Auf der einen Seite kämpfe ich ständig mit der Trostlosigkeit, die dann wieder von Zuversicht abgelöst wird. Mutlosigkeit, Hoffnung, Depression, Freude.

Ich seufze und schließe die Augen. Dunkelheit. Gott, bist du hier? Ich spüre dich nicht. Bist du trotzdem da? Es ist so dunkel in mir …

Meine Hand tastet nach dem Fax meiner Schwester Eva und ich fange an zu lesen. Mit jedem Satz fühle ich mich wohler. Und als ich dann die Tageslosung lese: „Verlasst euch auf den Herrn immerdar …", geschieht wieder das Wunder des Glaubens: Ein kleines Licht scheint dort im Inneren meines Herzens. Und keine Dunkelheit dieser Welt kann dieses Licht auslöschen. Je dunkler es in mir ist, desto größer ist seine Leuchtkraft. Ich habe dem Licht einen Namen gegeben: Friede Gottes. Es leuchtet und es scheint und durchströmt mich immer wieder mit der Gewissheit: Gott ist da. Auch jetzt nehme ich es wahr und lasse das Licht mein Inneres erhellen.

Ich greife nach Schreibblock und Stift. Meine ältere Schwester Eva muss unbedingt von der heutigen Verhandlung erfahren und so schreibe ich:

„Liebe Eva,
zu meiner Situation:

Ich hatte heute am 19.06.1997 eine Verhandlung, die aber keinerlei Bedeutung hatte. Es fehlten Zeugen. Sie wurde auf den 26.06.1997 vertagt und wird sehr wichtig sein. Wie ihr alle wisst, habe ich den gleichen Anwalt nehmen müssen wie die anderen. Der Anwalt sieht uns aber als Dreierpaar. Ich habe kein gutes Gefühl! Meinen Übersetzer, Peter Ritter, habe ich gebeten, mir einen deutschsprachigen Anwalt hier vor Ort zu besorgen. Euer Anwalt Rose in Deutschland sollte bitte dringend mit meinem Übersetzer, Herrn Ritter, telefonieren. Es eilt!

Ich danke dir auch für die guten Bibelworte und Losungen, die du mir immer wieder schreibst. Es ist so, als wären sie eine persönliche Antwort Gottes auf genau die Fragen und Probleme, mit denen ich mich gerade herumschlage und über die ich gerade nachdenke. Deine Briefe und die Worte aus der Bibel sind für mich immer wie ein Lichtstrahl auf meinem Wege.

Mit Liebe
Thomas"

„Oi! Amigo, cigarro?", unterbricht ein Mitgefangener meinen Gedankenfluss und stößt mich an. Durch die Ohrenpfropfen kommen seine Worte nur gedämpft zu mir durch, aber ich ahne ohnehin, was er von mir will. „No, gracias“, antworte ich zum einundzwanzigsten Mal an diesem Tag, diesmal mit einem Lächeln.

46. VOLKSFEST IM ANIBAL BRUNO

Heute, am 22.06.1997, befindet sich das Gefängnis wieder im Ausnahmezustand – wie an jedem Sonntagnachmittag zwischen 14.00 und 16.00 Uhr. Ich gehe durch den Innenhof und staune über das Treiben. Auch wenn ich es seit meiner Ankunft hier am 19. Mai jetzt schon zum fünften Mal erlebe, kann sich bei mir noch keine Sonntagnachmittagsroutine einstellen.

Der Innenhof ist voller Menschen. Die Frauen und Kinder der Gefangenen dürfen ihre Familienoberhäupter zwei Stunden lang besuchen. An den extra für diesen Anlass aufgebauten Essensständen drängen sich die inhaftierten Väter, um für ihre Kinder Churrasco-Fleischspieße, Bananen, Maiskolben oder Fruchtshakes aus der brasilianischen Palmfrucht Acai zu kaufen. Der Geruch von Gegrilltem mischt sich mit den süßen Parfumdüften der weiblichen Besucher, die sich an ihre Männer klammern und sie am liebsten wohl nie wieder loslassen würden.

Auch Prostituierten und Transvestiten werden die Gefängnistore geöffnet, damit sie Gefangenen ihre Liebesdienste anbieten können. Um sie in Anspruch zu nehmen, müssen sich die Inhaftierten vorher in Listen eingetragen haben. Gegen Bezahlung öffnet nun das Wachpersonal gewisse Einzelzellen, in die sich die Gefangenen für ein paar Minuten mit ihren Besuchern zurückziehen können – fast wie in einem Bordell. Ein Gefängnisbordell.

Solche Einzelzellen sind auch für Ehepaare buchbar. Die Gefängnisdirektion lässt sich diesen Service ordentlich bezahlen und sorgt auf diese Weise dafür, dass die Gefangenen sich zwischen den Besuchssonntagen nicht gegenseitig sexuell belästigen – auch wenn solche Übergriffe damit nicht vollständig vermieden werden.

Das Anibal Bruno gleicht heute einem Rummelplatz. Manche Väter spielen mit ihren Kindern Fußball, während die Frauen danebensitzen und sich freuen, dass die Kinder auf diese Weise den Kontakt zum inhaftierten Vater nicht verlieren.

„Cuidado! Achtung!", schreit ein tätowiertes Muskelpaket, das sich mit einem riesigen Fernseher auf den Armen den Weg durch die Menge bahnt, um ihn in der Zelle seines Bruders zu platzieren. Auch das ist möglich im Anibal Bruno – man muss nur das notwendige Kleingeld zur Verfügung haben. Oder die richtigen Wärter kennen.

Natürlich werden die Familien und Besucher vor dem Betreten des Gefängnisgeländes nach verbotenen Utensilien durchsucht. Wer beim Schmuggeln von Waffen oder Drogen erwischt wird, hat mit empfindlichen Strafen und Sanktionen zu rechnen.

Ich sitze im Hof auf dem Boden mit dem Rücken an eine Mauer gelehnt und lasse mir die Sonne ins Gesicht scheinen. In meiner rechten Hand halte ich einen Becher mit duftendem, schwarzem Kaffee. Diesen Luxus gönne ich mir jeden Sonntag.

Auch heute habe ich wieder ein Fax von meiner Schwester Eva bekommen. Mein Herz hüpft vor Freude, wenn ich daran denke. Ich nehme noch einen tiefen Schluck des duftenden Kaffees, stelle die Tasse neben mir ab und hole das zusammengefaltete Papier aus meiner Hosentasche, breite es vor mir aus und streiche noch einmal sanft mit der Hand darüber, um es zu glätten. Der Bibelvers, den sie mir dieses Mal geschrieben hat, strahlt mich wie eine Neon-Leuchtreklame an: „Wenn zwei von euch hier auf der Erde darin eins werden, um etwas zu bitten – was immer es auch sei –, dann wird es ihnen von meinem Vater im Himmel gegeben werden." (Matthäus 18,19) Was mich dabei so glücklich macht ist die Tatsache: Eva bittet Gott um meine Freilassung genauso wie auch ich. Und deshalb sind wir zwei, die um das Gleiche bitten. Zweifellos wird Gott mich deshalb schon bald aus meiner Not befreien. Das glaube ich und darauf vertraue ich, auch wenn ich früher so einen kindlichen Glauben für naiv gehalten habe. Heute ist er mein Rettungsanker, an dem ich mich festhalte.

Die Sonne strahlt immer noch und ich trinke den letzten Schluck Kaffee, der mittlerweile schon kalt geworden ist. Gleich werde ich wieder an den Obst- und Gemüseständen vorbeiflanieren, um mich mit ein paar Äpfeln für die Woche einzudecken, auch wenn ich dafür ein Vermögen zahlen werde. Denn vom Gefängnis aus gibt es tagtäglich weiterhin nur ein Gericht: Reis mit Bohnen – tagein, tagaus, tagein, tagaus.

Danach werde ich mich wieder in meine Zelle zurückziehen. Die dramatischen Abschiedsszenen, die sich jeden Sonntag kurz vor 16.00 Uhr hier abspielen, möchte ich mir ersparen: Weinende Kinder, schluchzende Frauen und gebrochene Männerherzen. Und dann, Punkt vier, wird hier wieder die Trostlosigkeit einziehen, bis zum nächsten Sonntag um 14.00 Uhr.

47. ZELLENALLTAG

Der Gefängnisaufenthalt birgt auch eine gewisse Routine in sich, wiederkehrende Abläufe, die für den inneren Seelenfrieden von großer Bedeutung sind. Denn diese Alltagsroutine gehört mit zu den wenigen Dingen, auf die ich mich hier verlassen kann: Jeden Morgen werden wir um 7.00 Uhr von den Wärtern geweckt. Danach füllen wir unsere Eimer in den Zellen mit Wasser und waschen uns. Manchmal überkommt mich eine wahre Sehnsucht nach einer Dusche. Dreimal in der Woche dürfen wir für sechs Stunden an die Luft im Innenhof. Heiko und ich haben es so arrangiert, dass wir diese „Freizeit" im Hof immer gemeinsam verbringen können. Wir halten uns innerlich aneinander fest, stützen und stärken uns gegenseitig, wie Freunde das tun. Auch wenn Heiko mich in dieses ganze Chaos hineingezogen hat, werfe ich ihm das nicht vor. Selbst wenn mich zwischendurch Gedanken quälen, die ihm für meine Misere die Schuld geben wollen, denke ich diese Gedanken absichtlich nicht zu Ende. Ja, ich erlaube ihnen nicht, in meinem Kopf ein Nest zu bauen, denn ich will in dieser ausweglosen Situation auf keinen Fall meinen einzigen Freund verlieren, den ich hier in Brasilien noch habe.

In meiner Zelle steht ein kleines Kochgerät, das sich einer der Gefangenen von seiner Familie an einem der Sonntagnachmittage hat mitbringen lassen. Hin und wieder, wenn genügend Zutaten da sind, kocht er für uns und die benachbarte Zelle. Dann freuen sich zwanzig Männer über ein einfaches Gericht, das sie in Freiheit wahrscheinlich ohne jegliches Gefühl von Dankbarkeit verschlungen hätten. Hier aber im Anibal Bruno in Recife wird jeder Bissen zelebriert und man möchte ihn möglichst lange im Mund behalten, um so den Genuss zu verlängern.

Ich denke an meine Mutter und ihre schwäbische Hausmannskost und frage mich, ob ich jemals wieder Spätzle essen werde?

Ich bin auf dem Weg nach draußen. Heute, am 23.06.1997, darf ich mich wieder einige Stunden im Innenhof aufhalten und freue mich darauf, Heiko zu sehen, mit dem ich seit über einer Woche nicht mehr geredet habe. Er wurde mit seinen Zellengenossen vorübergehend in einen anderen Trakt verlegt. Aus irgendeinem Grund war aus der Wand seiner Zelle Feuchtigkeit ausgetreten und hatte den ganzen Boden unter Wasser gesetzt. Und weil sich niemand vom Wachpersonal darum gekümmert hatte, hatte alles tagelang vor sich hin gegammelt. Die Schaumstoff-Matten und die persönlichen Besitztümer der Insassen, die auf dem Steinfußboden lagen, waren völlig durchnässt worden. Und so mussten die Männer tagaus, tagein in einem permanenten Feuchtgebiet dahinvegetieren, dessen Gestank von Tag zu Tag immer unerträglicher wurde. Endlich, nach fünf Tagen, waren die Männer dann vorübergehend verlegt worden und die Handwerker hatten ihren Dienst aufgenommen.

Gemeinsam suchen wir uns ein ruhiges Plätzchen im Schatten. Heiko ist froh, dass er morgen wieder in die nun frisch renovierte Zelle zurückverlegt wird. Was er mir allerdings dann erzählt, jagt mir einen Ekelschauer nach dem anderen über den Rücken. Vom Regen in die Traufe – dieser Spruch trifft hier vollends zu:

„Stell dir mal vor, wir kamen vor einer Woche im anderen

Zellentrakt an und merkten schon bald, dass es dort kein Wasser gab. Okay, dachten wir, lieber einen Tag ohne Wasser, als ständig in einer sumpfähnlichen Zelle zu leben. Doch leider gab es am nächsten Tag auch keines. Kannst du dir vorstellen, wie schnell man hier bei der hohen Luftfeuchtigkeit anfängt zu stinken, wenn man sich tagelang nicht waschen kann? Aber das war nur das kleinere Übel. Schlimmer war, dass die Spülung der Toilette auch nicht mehr funktionierte. Habe erst versucht, sie einfach nicht mehr zu benutzen. Das musste ich aber nach dem dritten Tag aufgeben, weil ich große Schmerzen im Bauch bekam und Angst vor einem Darmriss hatte. Außerdem hatten meine Zellengenossen schon vorher aufgegeben, ihre Darmtätigkeiten zurückzuhalten, und so kam es auf ein bisschen mehr oder weniger an Ausscheidungen im Toilettenloch in der Zellenecke auch nicht mehr an. Nachts allerdings konnten dann die Kakerlaken mich nicht mehr von der Toilette unterscheiden, in der sie sonst immer gerne herumwühlten – wahrscheinlich aufgrund meines Gestanks. Auf jeden Fall kroch mir nachts im Schlaf eine ganze Kakerlaken-Armee am Oberschenkel hoch. So schnell bin ich in meinem ganzen Leben noch nicht aufgestanden. Das war so was von ekelig!"

Ich muss mich schütteln. Doch die Horrorgeschichte ist noch nicht zu Ende:

„Am vierten Tag ohne Wasser hat dann ein Peruaner aus der Nebenzelle aus Protest ein Feuer auf dem Gang gelegt. Das ist schon ein Scheißgefühl, wenn es vor der eigenen Zelle im Flur brennt, man selbst hinter Gittern eingesperrt ist, es immer heißer wird, der Rauch durch den ganzen Trakt zieht und man kaum noch Luft bekommt! Aber irgendwie haben sie das Feuer wieder löschen können. Gott sei Dank! Allerdings hat diese Protestaktion gar nichts gebracht. Zur Strafe wurde uns allen dann auch noch die Essensration gekürzt – und an dem Familiennachmittag am Sonntag durften wir auch nicht teilnehmen. Zu unserer Schweiß- und Dreckschicht war zusätzlich noch eine Rußschicht dazugekommen und Wasser … Wasser hatten wir immer noch keines!"

Während Heiko redet, zieht mir sein strenger Körpergeruch in die Nase.

„Es geht noch weiter: Christian, ein Mithäftling im anderen Trakt, befindet sich schon seit vier Tagen im Hungerstreik. Er ist über 70 Jahre alt und will lieber sterben, als länger unter diesen menschenunwürdigen Verhältnissen zu leiden und zu leben!"

Ich mache ihm Mut, er könne sich freuen, morgen wieder in die nun renovierte Zelle einziehen zu können, erzähle ihm, dass unser Mithäftling dann zur Feier des Tages wieder kochen wolle, zeige ihm die liebevollen Briefe meiner Schwestern Jele und Eva und versuche, ihn auf andere Gedanken zu bringen. Ich merke, wie Heiko sich langsam wieder entspannt. Schließlich legt er seinen Arm freundschaftlich um meine Schultern und sagt: „Mensch Thomas, ich erkenne dich fast gar nicht mehr wieder. Was ist eigentlich mit dir los? Seit deinem Aufenthalt auf der Krankenstation bist du wie ausgewechselt. Viel hoffnungsvoller und viel ausgeglichener. Die anderen haben mich auch schon angesprochen. Welche Droge haben die dir denn da gespritzt?" Und ich erzähle ihm, wie Gott mir dort im „Sterbezimmer" begegnet ist und ich seither weiß, wie sehr er mich liebt. „Und weil ich mich von Gott geliebt weiß, kann ich auch freundlicher zu anderen sein. Seine Liebe gibt mir Hoffnung, dass er sich persönlich um mich kümmern wird." „Die Hoffnung hätte ich auch gerne", sagt Heiko. Und so schließen wir beide hier im Innenhof die Augen, falten die Hände und bitten Gott um Hoffnung für Heiko. Wie gut, dass wir einander haben.

48. DIE VERHANDLUNG

Die Wärter hämmern wie jeden Morgen mit ihren Schlagstöcken an die Gitter der Zellentüren. Sieben Uhr. Aufstehen! Mich hätte heute Morgen niemand zu wecken brauchen. Seit vier Uhr früh liege ich wach und kann vor Aufregung kaum liegen bleiben. Aber was soll ich machen? Acht Inhaftierte quetschen sich in die Minizelle und so ist an Aufstehen oder gar Herumlaufen, während die anderen schlafen, nicht zu denken.

Mir ist schon ganz übel von der dreistündigen Achterbahnfahrt meiner Gefühle, die ich hier auf meiner Matte liegend hinter mir habe. Euphorische Freude wechselt sich seit Sonnenaufgang ab mit tiefster Depression. Wieder einmal … Endlich ist er da, der Tag der Entscheidung. Auf diesen Tag habe ich die letzten Wochen gewartet. Heute, am 26.06.1997, wird in der Gerichtsverhandlung entschieden werden, ob ich nach Deutschland zurückreisen und meine kleine Schwester Jele wieder in die Arme schließen darf oder ob Anklage erhoben wird. Der wichtigste Tag meines Lebens. Mir ist so, als ob Engelchen und Teufelchen auf meiner Schulter säßen und mir abwechselnd ins Ohr rufen: „Keine Chance, du Nichtsnutz! Du leichtgläubiger Idiot! Verrecken wirst du hier in Recife und niemanden wird das interessieren!" „Gott hält alles in seiner Hand. Der Herr ist dein Hirte …" „Hahaha, Psalm 23 interessiert hier keinen! Hier zählen nur Fakten: Du bist der Drahtzieher, Millionendealer und

Abschaum der Gesellschaft!" „Du bist von Gott geliebt. Am Ende wird alles gut. Und wenn es noch nicht gut ist, ist es auch noch nicht das Ende!"

Ich wische mir den Schweiß von der Stirn und stehe auf. Ich habe Kopfschmerzen und fühle mich wie gerädert. Meine Hände zittern beim Zähneputzen. Es ist irgendwie komisch: Hier im Anibal Bruno putze ich mir dreimal am Tag ausgiebig die Zähne. Als ob ich die mangelnde Körperhygiene an meinen Zähnen wiedergutmachen will.

Zum Frühstück gibt es Reis mit Bohnen. Dazu trinke ich schwarzen Kaffee, der mir warm die Kehle hinunterrinnt. „Der Herr ist mein Hirte …" Leise bete ich Psalm 23 vor mich hin, als ich mir ein einigermaßen frisches Hemd überstreife. Die Kleidung wäscht jeder hier für sich selbst. Auf dem Schwarzmarkt habe ich mir ein Stück Seife organisieren können, mit dem ich in Abständen meine Klamotten auf Vordermann bringe. Gewaschen in mal mehr und mal weniger klarem Wasser, werden die Anziehsachen dann entweder in der Zelle oder im Innenhof aufgehängt. Allerdings hänge ich draußen nichts mehr auf, seitdem mir dort ein Laken von der Wäscheleine gestohlen worden ist.

Zwei Wärter kommen und führen Heiko und mich in Handschellen ab. Irgendwo auf dem Weg zum Gefängnistor holen wir noch Melvin aus seiner Zelle, die in einem anderen Gebäude ist. Wir passieren die letzte Sicherheitsschleuse, bevor wir in dem direkten Vorhof des Gefängnisses stehen. Uns trennen nur noch die riesigen Mauern und die Gefängnistore von der Freiheit. Der Anblick der vielen schwarzen Polizeifahrzeuge irritiert mich nicht mehr. Wie gehabt werden wir einzeln in die mittleren drei Fahrzeuge des Konvois platziert. Unter höchstem Sicherheitsaufgebot schieben sich die Fahrzeuge durch die Straßen von Recife, hin zum 9. Amtsgericht der Justiça Federal.

Der Gerichtssaal ist wieder voll von Journalisten und Fotografen. Unser Übersetzer Peter Ritter begrüßt uns per Handschlag und wünscht uns „von Herzen alles Gute". Dabei mustern uns seine Augen so mitleidsvoll, dass ich für einen Augenblick in ein tiefes, inneres, schwarzes Loch falle. „Der Herr ist mein Hirte, mir wird nichts mangeln …", murmele ich vor mich hin und ziehe mich so langsam wieder aus dem Sumpf.

Richter Dr. Helio Silvio Ourem Campos und Staatsanwältin Dr. Luciana Marcelino Martins sitzen auf ihren Plätzen und die Gerichtsverhandlung wird eröffnet.

Sie hätten Zeugen ausfindig machen können, die sie nun befragen wollten, sagt Richter Campos und lässt die Zeugen hereinholen.

Mir wird schwindelig vor Angst. Ich weiß, dass hier in Brasilien korrupte Beamte keine Seltenheit sind. Wie oft habe ich mich vor diesem Augenblick gefürchtet, voller Unsicherheit, was für lügnerische Aussagen wohl den Ausgang dieser so wichtigen Verhandlung beeinflussen würden. „Er weidet mich auf einer grünen Aue und führet mich zum frischen Wasser …", bete ich leise.

Ein junger Mann wird in Handschellen hereingeführt und nimmt im Zeugenstand Platz. Ja, er kenne die drei mutmaßlichen Drogendealer, gibt er in fließendem Deutsch zu Protokoll. Ich schaue Heiko und Melvin völlig verwirrt an und wir drei sind uns sicher: Den haben wir noch nie zuvor gesehen!

Ein Stöhnen kommt über meine Lippen, voller Angst, was uns jetzt wohl erwartet. Ein inneres Stoßgebet folgt: „Er erquicket meine Seele, er führet mich auf rechter Straße um seines Namens willen. Und ob ich schon wanderte im finsteren Tale, fürchte ich kein Unglück …"

Er heiße Guido Wessel und sei im Polizeigefängnis auf die mutmaßlichen Täter gestoßen.

Plötzlich macht es Klick in meinem Kopf und ich erinnere mich an den Unbekannten im Polizeigefängnis, der in der Zelle neben Claudia inhaftiert war. Ich hatte ihn nie zu Gesicht bekommen, hatte aber von Claudia gehört, dass er Deutscher ist. Er war es, der mich durch die Gitterstäbe bei meinen Freigängen im Hof immer beobachtet hatte, während ich mich mit Claudia unterhielt. Mir wird heiß und kalt. „Denn du bist bei mir. Dein Stecken und Stab trösten mich …", raune ich leise.

Heiko hätte ihm in einem unbedachten Moment gestanden, den Drogendeal gemeinsam mit Melvin geplant und durchgeführt zu haben. Der dritte Mann, Thomas Milleker, sei völlig unschuldig und zu Unrecht inhaftiert, gibt Guido Wessel zu Protokoll.

Ich traue meinen Ohren nicht, hätte am liebsten das Gesagte irgendwie zurückgespult, um es noch einmal hören zu können.

„Ich kenne den Mann gar nicht!", schreit Heiko und springt auf. „Wann sollen wir uns denn unterhalten haben? Und du, du kennst mich doch auch nicht, du …!" Wenn Blicke töten könnten, wäre Guido Wessel in diesem Moment von seinem Stuhl gesackt und verstorben. Blitz, blitz, blitz machen die Kameras und im Zuschauerraum erhebt sich ein tumultartiges Geraune. „Silencio!", ruft der zuständige Richter und klopft mit seinem Hämmerchen auf den Schreibtisch.

Die folgenden Ausführungen von Guido Wessel jagen an meinen Gehörgängen vorbei. In meinem Kopf setzt sich nun langsam das Puzzle zusammen. Ich war derjenige, der beim Transport des mit Drogen gefüllten Sportgerätes erwischt worden war. Deshalb galt ich auch als Drahtzieher und Hauptverdächtiger. Im Verlauf der Untersuchungen stellte sich für die brasilianischen Beamten wohl aber langsam heraus, dass Heiko der Initiator gewesen sein musste. Bestimmt hatten die deutschen Verbindungsbeamten in Brasilien die brasilianische Polizei über die Observationen und Ermittlungen, die im Vorfeld in Deutschland gelaufen waren, informiert. Jetzt fehlte der brasilianischen Polizei nur noch der Beweis, dass Heiko auch wirklich Chef des Ganzen war, damit er hier in Brasilien verurteilt werden konnte.

Und wo ein Zeuge fehlt, wird ein Zeuge gekauft, durchfährt es mich. Da kam der Polizei wohl dieser junge Mann gerade recht, der zufällig zur gleichen Zeit im Polizeigefängnis gesessen hatte und die besten Voraussetzungen mitbrachte, hier als Belastungszeuge aufzutreten. Guido Wessel!

Plötzlich steht mir der Wochen zurückliegende Besuch der beiden deutschen Verbindungsbeamten im Polizeigefängnis vor Augen und die Worte des einen hallen in mir wider: „Das Einzige, was die brasilianische Polizei nicht verstanden hat, ist die Tatsache, dass Sie in einem anderen Hotel als die anderen beiden Verdächtigen untergekommen sind. Je nach Sachlage kann Ihnen das positiv oder auch negativ ausgelegt werden." Mir wird das nun eindeutig positiv ausgelegt, juble ich in mich hinein.

„Du bereitest vor mir einen Tisch im Angesicht meiner Feinde …", bete ich innerlich voller Dankbarkeit, traue mich aber nicht, zu Heiko rüberzuschauen. Er tut mir leid. Und doch, es gibt auch noch Gerechtigkeit unter der Sonne: Auch wenn der Zeuge in Wahrheit gar kein Zeuge ist, weil er nie mit uns gesprochen hat, ist seine Aussage absolut richtig: Nicht ich bin der Drogenboss, sondern mein Freund Heiko Heller. Jetzt ist es raus und ganz Brasilien wird es morgen in der Presse lesen.

„Du salbst mein Haupt mit Öl und schenkst mir voll ein. Gutes und Barmherzigkeit werden mir folgen mein Leben lang und ich werde bleiben im Hause des Herrn immerdar …"

49. JELE SCHREIBT

Lieber Thomas,
wir sind alle überglücklich, dich bald wieder zu Hause zu haben. Die Nacht vom 26. auf den 27. war unbeschreiblich schlimm. Doch dann hat Herr Ritter gegen Mittag irgendwann angerufen und uns die gute Nachricht mitgeteilt. Ich war kurz vor dem ohnmächtig werden und konnte ihm leider all die Fragen, die mich nun quälen, nicht stellen. Ich warte nun schon über eine Woche auf deinen Anruf. Heute wurde mir vom Konsul Grafe mitgeteilt, dass deine Freilassung noch ein paar Tage auf sich warten lassen kann. Er war ziemlich unfreundlich. Aber jetzt ist es mir auch egal. Hauptsache ist, dass du gut und gesund wieder nach Hause kommst. Wenn ich heute wieder nichts von dir höre, werde ich um 24.00 Uhr deutscher Zeit bei Herrn Ritter anrufen. Ich hoffe, ich nerve ihn nicht zu sehr, aber er scheint mir der Einzige zu sein, dem man glauben und vertrauen kann. Er macht auf mich einen sehr netten und verständnisvollen Eindruck. Thomas, ich kann es fast nicht mehr abwarten, dich wiederzusehen. Eine Bitte habe ich allerdings an dich: Bleibe BITTE, BITTE, BITTE bis zu deiner Heimkehr ruhig und provoziere NICHTS!!! Irgendwie habe ich große Angst, dass noch irgendetwas dazwischenkommen könnte und du doch nicht zurück nach Deutschland kommst.
Bis bald,
mit aller Liebe von deiner Jele

50. TAGEBUCHEINTRAG UND GEFÄNGNISPOST

„Ich sitze wieder in meiner Zelle und fühle mich einsam und alleine. Seit der letzten Verhandlung sind bereits 21 Tage verstrichen und ich warte immer noch auf meine Freilassung oder Verurteilung. Denn ein Dokument, aus dem hervorgeht, dass ich wirklich zurück nach Deutschland darf, habe ich nicht bekommen.

Um nicht verrückt zu werden, habe ich angefangen, Tagebuch zu schreiben. Ich habe ein paar leere Zettel auftreiben können. Die liegen gerade vor mir auf der Matte. Die Kugelschreiber hier machen mich wahnsinnig. Nach ein paar geschriebenen Zeilen geben sie den Geist auf und man muss die Mine anhauchen und schütteln, damit man weiterschreiben kann.

Seit dem 26.06.97 hat sich niemand mehr bei mir gemeldet: weder der Konsul noch mein Pflichtverteidiger. Ich weiß überhaupt nicht, woran ich bin. Demzufolge überkommt mich immer wieder die schreckliche Angst, ich könnte vielleicht doch noch verurteilt werden!

Nach der letzten Verhandlung wurden Heiko und ich sofort getrennt. Er ist jetzt in einem anderen Gefängnistrakt und ich habe seitdem nichts mehr von ihm gehört oder gesehen. Auch bei meinen mehrmals in der Woche stattfindenden Hofrundgängen habe ich ihn nicht mehr angetroffen. Ich mache mir große Sorgen. Was wird bloß aus meinem Freund? Lebt er noch?

Nachts kann ich nicht schlafen, weil ich nach wie vor von schrecklichen Albträumen gequält werde. Es ist merkwürdig: Nun steht meine Freilassung vermutlich kurz bevor und doch ergreift mich immer wieder tiefe Niedergeschlagenheit. Ich muss mich einfach mehr ablenken, allerdings ist das leichter gesagt als getan. Mit wem sollte ich reden? Ich habe Angst und auch körperlich keine Kraft mehr. Allerdings darf ich mich unter keinen Umständen gehen lassen, mich der Hoffnungslosigkeit hingeben, die mich ergreifen und ertränken will. Es muss weitergehen! Ich will leben! Ich will lieben! Bitte Gott, lass mich nach Hause gehen. Ich stelle es mir wunderschön vor, wieder zu Hause zu sein. Dort werde ich ein neues Leben beginnen. Und so werde ich die Hoffnung nicht …"

„Hey, Amigo …" Ein mir fremder Brasilianer unterbricht meinen Schreibfluss. Er steht vor meiner Matte, hebt kurz sein Hemd und gewährt mir einen Blick auf einen verschlossenen Umschlag, den er in seinen Hosenbund gesteckt hat. „Heiko", flüstert er und zeigt auf die Stelle, wo der Briefumschlag versteckt ist.

Mein Freund hat mir geschrieben. Freude durchströmt mich und ich setze mich auf. Mit einem Handzeichen macht der Fremde mir aber klar, ich solle ruhig bleiben und kein Aufhebens machen, damit die Wärter nichts mitbekommen. Ich reiche ihm ein Buch, damit er den Brief zwischen den Seiten verschwinden lassen kann. Der Fremde schüttelt den Kopf.

„Vinte e cinco Reais!" Am liebsten würde ich laut protestieren, reiße aber nur meine Augenbrauen hoch, um meinen Protest zu bekunden. Umgerechnet zehn Euro will der Halunke für seinen Botendienst haben. Etwas zerknirscht gebe ich ihm das Geld. Damit bin ich auch meine letzten Kröten losgeworden. In meiner Geldbörse herrscht jetzt gähnende Leere.

Der Fremde schiebt den Brief zwischen die Seiten des Buches, reicht es mir zurück und verschwindet genauso lautlos, wie er aufgetaucht ist.

Wieder einmal zittern meine Hände, als ich den Brief auseinanderfalte. Ich lege ihn vor mich auf meine Matte, streiche ihn kurz mit den Händen glatt und lese:

„Hallo Thomas,
ich hoffe sehr, dass dieser Brief dich erreicht. Mir geht es beschissen. Wenn ich doch endlich auch ganz sicher wüsste, dass ich wieder nach Deutschland zurück darf. Was soll das denn bei der Verhandlung für ein Zeuge gewesen sein? Ich habe Protest eingelegt und hoffe, mein Anwalt holt mich hier raus! Meine Hoffnung ist, dass ich wenigstens nach Deutschland ausgeliefert werde und dort über alles entschieden wird. Aber man erfährt hier ja nichts.

Seit drei Wochen bin ich ohne jegliche Toilettenartikel und stinke zum Erbarmen. Ohne Seife kann ich auch meine Kleidung nur notdürftig waschen. Die Botschaft macht überhaupt nichts für mich. Hier ist ein Österreicher in Haft und zu dem kommt jeden Montag der österreichische Konsul höchstpersönlich und bringt ihm unentgeltlich Bücher, Kekse, Badeschlappen und Hygieneartikel. Ich habe Konsul Grafe gebeten, mir einen Plastikstuhl und einen kleinen Plastiktisch zu besorgen. Ich würde beides auch selbst bezahlen. Keine Reaktion. NICHTS. Ich habe ihn gefragt, ob ich zwei abgeschnittene Jeanshosenbeine mit Sand gefüllt haben könnte, damit ich wenigsten etwas trainieren kann – NICHTS. Ob mir der Putzjunge ein bisschen Obst einkaufen darf. NICHTS. Die anderen hier rauchen und so habe ich den Konsul gefragt, ob er mir eine Moskitokerze kaufen könnte – NICHTS. Das Einzige, was ich von ihm in den letzten drei Wochen bekommen habe, sind fünf alte FAZ und drei Spiegel-Magazine. Sonst NICHTS. Ach ja, und einmal hat er mich für zwei Minuten besucht. Tolle Hilfe, die unsere Botschaft da leistet. Und dafür bezahle ich seit Jahren Steuern. Aber vielleicht kannst du was unternehmen, wenn du zurück in Deutschland bist. Wäre echt toll. Du kannst dann ja die zuständigen Stellen ausfindig machen.

Weißt du, woran ich häufig denken muss? An Formel 1. Oh Mann, wie lange habe ich kein Rennen mehr gesehen. Vielleicht kannst du mir ja, wenn du draußen bist, eine Übersicht der letzten Rennen schicken.

Ich werde immer dünner. Jetzt kann ich gar keinen Sport mehr machen, weil ich auch kaum noch Freigang habe. Habe keine Muskeln und auch keine Fettreserven mehr. Na ja, man bekommt ja auch fast nichts zu essen.

Wann wirst du entlassen? Hast du schon deine Papiere?

Vergiss mich nicht!

Dein Heiko"

Wann ich entlassen werden? Ja, das möchte ich auch gerne wissen, denke ich, falte den Brief zusammen und verwahre ihn sicher in meiner Hosentasche.

51. EVA

Das Klingeln des Telefons schrillt durchs Haus. Eva kommt es lauter und heftiger vor als sonst – vielleicht auch, weil ihre Nerven blank liegen. Gerade hat sie einen Brief ihres Bruders aus der Haft gelesen. Seine Verzweiflung will nun auch langsam auf sie übergreifen. Bisher hat sie sich immer erfolgreich dagegen aufbäumen können, wenn niederdrückende Gedanken der Hoffnungslosigkeit sich ihrer bemächtigen wollten, doch wie lange kann sie diesen inneren Kampf noch gewinnen?

Das Telefon klingelt unerbittlich. Eva macht sich innerlich gerade, streicht sich eine Haarsträhne aus der Stirn, räuspert sich und meldet sich mit aufgeräumter Stimme: „Hallo?"

„Eva, meine Liebe, hier ist der Thomas. Mir wurde dieser eine Anruf erlaubt. Ich sitze jetzt seit der letzten Verhandlung vor drei Wochen wie auf Kohlen und warte auf meine Freilassung. Doch ich erfahre hier gar nichts! Weißt du irgendetwas?"

„Thomas, Mensch, schön deine Stimme zu hören! Ich habe gerade deinen Brief gelesen. Nein, keine Ahnung! Ich habe von niemandem etwas erfahren. Auch der Anwalt Rose hat keine Neuigkeiten. Ich habe auch schon die letzten Wochen über ein ungutes Gefühl. Mensch, was kann denn da los sein?"

„Ich bin fix und fertig, Eva. Das kann ich dir sagen. Ich kann überhaupt nicht mehr schlafen, habe schreckliche Albträume und in mir greift immer mehr die Angst um sich, dass ich doch nicht freigelassen werde. Normalerweise können die einen hier zu jeder Tag- und Nachtzeit freilassen. Eva, ich glaube, die haben mich doch verurteilt, denn sonst wäre ich schon längst draußen! Eva, was soll ich machen?"

Thomas' Stimme überschlägt sich und die Panik darin ist nicht zu überhören. „Eva, jetzt werd' du nicht auch noch panisch", ermuntert Eva sich selbst lautlos in Gedanken, bevor sie beruhigend auf ihren verzweifelten Bruder einspricht:

„Thomas, entspann dich! Du hast dir nichts zuschulden kommen lassen. Warum solltest du also in Haft bleiben? Deine Unschuld wurde vor Gericht durch den Zeugen bewiesen. Es muss an irgendwelchen ungünstigen Umständen liegen, dass du immer noch in Haft bist. Komm, atme dreimal tief durch …"

Pause. Am anderen Ende hört man, wie Thomas mehrmals tief Luft holt und sie langsam wieder entweichen lässt.

„Eva, ich habe Angst!", sagt er und das Beben in seiner Stimme hat etwas nachgelassen. „Bitte versprich mir, dass du mich sofort versuchst zu erreichen, falls du etwas Neues hörst, ja?"

„Natürlich, Bruderherz! Dann melde ich mich sofort. Und ich bete für dich. Dessen kannst du dir sicher sein!"

„Danke, mein Schwesterherz. Tschüss Eva!", sagt Thomas noch leise, bevor er auflegt.

52. „GIB NICHT AUF! DEINE EVA"

Lieber Thomas,

heute ist der 12.07.1997 und ich will dir vor unserem Urlaub noch einmal faxen. Übermorgen früh fliege ich mit meiner Familie nach La Palma. Wir nehmen Räder, ein Wellenreitbrett, Bücher und Spiele mit. Ich habe Herrn Grafe vom Konsulat gebeten, dir eine Lesebrille zu besorgen. Jele hat ihn auch schon darauf angesprochen. Vielleicht bist du aber so schnell zu Hause, dass du gar keine mehr in Brasilien brauchst. Das wäre toll!

Die Andacht von heute: „Siehe, ich bin bei Euch alle Tage" (Matthäus 28,20). Du musst nicht voll Furcht vor dem, was kommen mag, in die Zukunft schauen, sondern darfst voll Hoffnung sein, dass Gott, dem du gehörst, dich aus der Not erretten wird, wenn sie eintritt. Er hat dich bisher bewahrt. Halte nur seine Hand fest. Dann wird er dich sicher durch alles hindurchführen. Und wenn du nicht mehr stehen kannst, wird er dich auf seinen Armen tragen. Blicke nicht voll Furcht auf das, was morgen passieren könnte. Derselbe ewige Vater, der heute für dich sorgt, wird auch morgen und jeden Tag deines Lebens für dich sorgen. Entweder wird er dich vor dem Leid bewahren, oder er wird dir unerschütterliche Kraft geben, es zu ertragen. Sei deshalb ganz ruhig und lege alle angstvollen Gedanken und Vorstellungen zur Seite. „Der Herr ist mein Hirte ...", singt David. Es heißt nicht „war mein Hirte", auch nicht „wird mein Hirte sein", sondern: Der Herr ist mein Hirte – im Januar, im Juli und in jedem Monat des Jahres. Er ist mein Hirte zu Hause und in Brasilien, im Krieg und im Frieden, in Armut und Reichtum (Hudson Taylor). Bibellese: Psalm 23.

Übrigens: Papa hat das Rosenbeet (laut Otmar sein Hunnengrab) auf der unteren Terrasse ihres Hauses in La Palma entfernt. Jetzt sind sie dabei, alles zu plätten. Du kennst Mama. Sie will alles schön haben, bevor wir kommen. Unser Bruder Christoph will, wenn er noch einen Flug bekommt, ebenfalls mit Family kommen. Er will dann direkt in Puerto Naos wohnen und sich erholen. Mal sehen, ob es klappt. Lieber Matzi, wir freuen uns schon sehr auf dich. Also: Beeile dich! Alles Liebe und tausend Küsse, deine große Schwester Eva

PS: Viele Grüße von der ganzen Familie!

53. 22. JULI 97

Wieder einmal habe ich die ganze Nacht schlaflos auf meiner Matte verbracht und fühle mich einfach nur ausgelaugt und leer. Ich setze mich auf. Beten kann ich schon länger nicht mehr. Ich habe einfach keine Kraft dazu. Manchmal frage ich mich, ob ich mich in einem Zwischenstadium befinde, ob ich wohl äußerlich noch lebendig, innerlich aber schon tot bin. Ich nehme meine ganze Willenskraft zusammen, schließe meine Augen und denke an Gott, der damals in meiner größten Not zu mir in die Zelle kam. „Gott!", sage ich ein bisschen lauter, als ich wollte, und ich höre, wie meine Zellengenossen sich mürrisch grummelnd auf ihren Pritschen im Schlaf umdrehen. Mit denen möchte ich mich ganz sicher nicht anlegen und deshalb bete ich lieber flüsternd weiter: „Gott, ich habe es jetzt wirklich kapiert! Ich habe meine Lektion gelernt! Ehrlich! Es wäre wirklich schön, wenn ich jetzt heim dürfte …"

Die Haupteingangstür von Trakt Vier wird entriegelt und ein brasilianischer Wachmann kommt herein. Ich höre, wie er sich seinen Weg durch die schlafenden Insassen bahnt.

„Amigo, go!", brüllt er mich an, als er in meiner Zelle steht. Sein Finger zeigt eindeutig auf mich.

Wie jetzt? Ich verstehe nicht, was er meint. Die anderen haben sich längst auf ihren Schlafstellen aufgesetzt und beobachten meine Verständnislosigkeit.

„Amigo, go!", brüllt er noch mal und deutet auf die Zellentür.

Ich? Ich darf jetzt gehen? Das kann ja wohl nicht sein! Ich stehe langsam von meiner Matte auf und starre den Beamten an, als hätte ich einen Außerirdischen vor mir.

„Amigo, go!", brüllt er nun zum dritten Mal und langsam sickert es in mein Bewusstsein durch, dass nun wohl meine herbeigesehnte Freilassung kurz bevorsteht. Nicht der Wärter, nein, die Freiheit ruft mich und will mich wieder in ihre Arme schließen. Neue Energie durchströmt mich vom Kopf bis zu den Zehen und ich komme in die Gänge.

„Momento!" Hastig klaube ich meine Siebensachen zusammen. Die wenigen Kleidungsstücken, meine Seife, die Schreibutensilien und einen Kamm vermache ich meinen Zellengenossen, die sich überschwänglich für die Kostbarkeiten bedanken. Meine Briefe allerdings, die ich hier im Gefängnis bekommen und geschrieben habe, sind mein größter Schatz. Und so schiebe ich diese in einen großen Umschlag, den ich mir fest unter den Arm klemme. Diesen Schatz werde ich mir von niemandem mehr nehmen lassen.

Der Wachmann führt mich in das Büro des Direktors – ohne Handschellen. Dort erwartet mich auch Peter Ritter, der mir den Wortschwall des Direktors übersetzt: Er, als Chef des Anibal Bruno, mache diesen Job schon lang genug, um einen Schwerstkriminellen von einem Kleinganoven und einem Unschuldigen unterscheiden zu können. Er habe es von Anfang an in meinen Augen gesehen, dass ich zu den Unschuldigen gehöre. Er habe gewusst, dass ich kein Verbrecher sei!

Mein Blick pendelt zwischen Peter Ritter und dem Direktor hin und her und mir wird innerlich ganz warm. Auch wenn ich dem Direktor kein Wort glaube, spüre ich Freude, die sich langsam in mir ausbreitet, die meine Gesichtsmuskeln übernimmt und mich unaufhörlich lächeln lässt.

Eigentlich hätte ich vor drei Wochen schon entlassen werden können, doch leider habe die Polizei in Recife angefangen zu streiken, berichtet der Direktor. Daher sei das Anibal Bruno nahezu hermetisch abgeriegelt gewesen, es habe keine Neuzugänge gegeben, aber auch keine Entlassungen. Und deshalb habe ich in den letzten Wochen auch nichts gehört. Ich käme nun frei und er wolle mir noch meinen Pass und meine Papiere aushändigen.

Er ruft nach einem Wachmann und fordert ihn wild gestikulierend auf, den Safe in seinem Büro aufzuschließen, in dem die Pässe der ausländischen Insassen sicher aufbewahrt sind. Eine lautstarke Auseinandersetzung zwischen dem Direktor und dem Beamten folgt.

Verständnislos wende ich mich an Peter Ritter und bitte ihn um Aufklärung. Er erklärt mir, dass weder der Direktor noch das zuständige Wachpersonal den Schlüssel zum Safe hätten und keiner von ihnen wüsste, wo sich dieser zurzeit befände.

Mir ist, als hätte jemand einen Eimer Sand auf das in mir brennende Freudenfeuer geschüttet und es damit ausgelöscht. Das Lächeln auf meinem Gesicht weicht innerhalb von Sekunden einem panischen Ausdruck. Ohne Pass keine Ausreise, das ist mir klar.

Doch der Direktor nickt mir aufmunternd zu, fordert mich mit einem Handzeichen auf, Platz zu nehmen und auf die Lösung des Problems zu warten. Ja, im Warten bin ich mittlerweile Weltmeister, das ist kein Problem mehr für mich.

Nach etwa zehn Minuten geht die Tür auf und ich staune nicht schlecht, als ein Gefangener in Handschellen von zwei Wachbeamten begleitet das Zimmer betritt. Nach einem kurzen Wortwechsel mit dem Direktor geht einer der Beamten zur Tür, schließt diese ab, zieht seine Handfeuerwaffe, entsichert sie und hält sie zielsicher auf den hereingeführten Insassen gerichtet. Nun öffnet der andere Beamte die Handschellen des Knastbruders und deutet auf das Werkzeug, das in einer Kiste neben dem verschlossenen Safe liegt.

Und was jetzt kommt, klingt zwar nach einem schlechten Dreigroschen-Krimi, ist aber die reine Wahrheit: Vor mir steht ein waschechter Tresorknacker, den der Direktor aus seiner Zelle hat holen lassen, um den verschollenen Schlüssel zu ersetzen und meinen Pass aus dem Safe zu holen! Mit Präzision und Fingerspitzengefühl macht sich dieser an die Arbeit, immer im Visier des Wachbeamten an der Tür, der ihn sofort niederschießen würde, wenn er sich auffällig verhielte.

Ich schnappe nach Luft und kann die sich hier abspielende Szene nicht fassen. Mit wenigen Handgriffen ist der Safe geknackt, klick, klick machen die Handschellen wieder und weg sind der Häftling und seine Bewacher.

Als wenn das gerade Passierte das Gewöhnlichste der Welt gewesen wäre, nimmt der Direktor meinen Pass und mein ebenfalls dort deponiertes Flugticket aus dem Safe und überreicht mir beides samt den ausgefüllten Entlassungspapieren mit einem feierlichen Lächeln. Ich bedanke mich und bitte ihn, meinem Freund Heiko noch Auf Wiedersehen sagen zu dürfen. Meiner Bitte wird entsprochen und ich muss wieder einmal warten. Warten auf jemanden, der mich in diesen ganzen Schlamassel mit hineingezogen hat, der aber in erster Linie eines für mich ist: mein Freund.

54. ENDLICH DRAUSSEN

Ich spüre die Umarmung meines Freundes noch, als ich gemeinsam mit Peter Ritter vor dem Gefängnis stehe und das schwere Tor hinter uns geschlossen wird. Ich habe Heiko versprochen, in Deutschland alles zu versuchen, um ihn aus dieser Gefängnishölle herauszuholen. Natürlich würden wir auch in Briefkontakt bleiben – das ist klar. Eine Bescheinigung hat er mir schnell noch handschriftlich geschrieben, in der er versichert, dass ich kein Polizeispitzel bin und auch sonst eine reine Weste habe. Wer weiß, wozu ich die noch gebrauchen kann, denke ich, bevor ich sie in den Umschlag zu meinen anderen Dokumenten und Briefen stecke.

Wie gut, dass Peter Ritter bei mir ist. Ich mag gar nicht daran denken, wie ich mich fühlen würde, wenn ich hier mutterseelenalleine meinen Weg ohne weitere portugiesische Sprachkenntnis nach Hause finden müsste.

Peter, mein Schutzengel, hat die nächsten Schritte schon geplant. Zuerst fahren wir in ein Reisebüro, um den baldmöglichsten Flug in die Heimat zu buchen. Gleich am nächsten Tag soll es losgehen und die Mitarbeiterin im Reisebüro macht uns klar, dass ich großes Glück habe: Mein Rückflugticket wäre einen Tag später verfallen. Ich strahle sie zurück an, nicke mit dem Kopf und weiß doch ganz tief in mir: Hier geht es um mehr als Glück. Hier hat Gott seine Finger im Spiel, der mir damit einmal mehr zeigt, wie sehr er mich liebt.

Peter nimmt mich mit zu sich nach Hause. Die warme Dusche ist das Schönste, was ich seit Monaten erlebt habe. Kurz vor dem Zubettgehen laufe ich noch an den Strand, möchte den Sand zwischen meinen Zehen spüren und das Meer, wie es meine Beine umspült … Doch von einem genüsslichen Abendspaziergang kann keine Rede sein. Ich fühle mich beobachtet und habe Angst, an der nächsten Ecke auf einen Polizisten zu treffen, der mich wieder gefangen nimmt und zurück ins Anibal Bruno bringt. Diese Angst vor einer erneuten Inhaftierung begleitet mich den ganzen Abend, geht mit mir zu Bett und steht auch morgens früh mit mir auf. Wenn ich nur schon in Deutschland wäre, denke ich immer und immer wieder.

55. RÜCKFLUG MIT HINDERNISSEN

Peter bringt mich zum Flughafen und hilft mir beim Einchecken nach Amsterdam. Jetzt noch durch die Sicherheitsschleusen und dann kann ich mich entspannen. Ich verspreche ihm, mich zu melden, sobald ich wieder zu Hause bin, drücke ihn fest und gehe in Richtung meines Gates, ohne mich noch einmal umzublicken. Ich möchte nicht, dass er meine Tränen sieht.

Es folgen die acht längsten Stunden meines Lebens: Kaum am Gate angekommen, erfahre ich, dass mein Flugzeug defekt ist und der Schaden erst einmal behoben werden müsse. Und das heißt für mich: Warten, und zwar auf brasilianischem Boden.

Die Angst, aus irgendeinem banalen Grund wieder zurück ins Gefängnis zu müssen, setzt sich genau neben mich in den Warteraum. Je mehr Zeit vergeht, desto mehr Platz nimmt sie ein, wird größer und größer, bis sie mich von allen Seiten ganz umhüllt. Ich kann kaum atmen, fühle mich von ihrer Wucht fast erdrückt und befürchte, nun vollends den Verstand zu verlieren. „Lieber Gott, hilf mir!", ist das Einzige, was ich immer und immer wieder vor mich hin bete. Ich halte meine Augen geschlossen, um nicht die Uniformierten sehen zu müssen, die in gewissen Abständen am Gate vorübergehen und sich hier und da ein Schwätzchen mit den Flugbegleitern leisten, die den Fluggästen für Auskünfte bereitstehen.

Und dann, nach einer halben Ewigkeit, gehen wir an Bord. Erschöpft sinke ich in meinen Sitz. Gleich nach dem Start bestelle ich mir einen doppelten Whiskey, der mir langsam die Kehle hinunterbrennt, und falle dann in einen unruhigen Schlaf. Über den Wolken muss die Freiheit wohl grenzenlos sein …

Lautes Geschrei weckt mich und ich spüre, wie das Flugzeug abrupt an Höhe verliert. Ein Luftloch jagt das andere, am Himmel tobt sich ein Gewitter aus und wir sind mit unserer Maschine mittendrin. Im Innenraum herrscht ein heilloses Durcheinander. Die Verschlussklappen für die Handgepäckstücke sind aufgeschnappt und die herausgefallenen Gepäckstücke rollen im Gang hin und her. „Bitte bleiben Sie sitzen!", instruiert uns eine Flugbegleiterin immer wieder auf Portugiesisch und Englisch und ich frage mich, wer in diesem Tohuwabohu wohl freiwillig aufstehen würde. Irgendwo muss sich ein Kind übergeben und immer wieder sind laute Angstschreie zu hören. In einer halben Stunde werden wir Amsterdam erreichen und in mir ist nun endlich wieder Ruhe und Frieden eingezogen – trotz des Mordsgewitters und in all dem Chaos. Denn eines weiß ich: Ich habe es bis hierhin geschafft und nun werde ich auch sicher nach Hause kommen.

56. ZU HAUSE

Ich stehe mit meiner kleinen Tasche auf dem Hügel in Langenbrand. Die Zugfahrt von Amsterdam nach Pforzheim und von dort aus weiter in meinen Heimatort war ereignislos und ruhig. Dort unten sehe ich mein Zuhause idyllisch in der Abendsonne. Ein unglaubliches Glücksgefühl durchzieht mich und ich fühle mich frei. Gleich werde ich meine Schwester Jele in die Arme schließen. Ich weiß gar nicht, wer mich sonst noch alles erwartet. Aufgrund meiner überstürzten Abreise hatte ich ja kaum jemanden über meine Rückkehr informieren können.

Jele hatte ich natürlich angerufen und sie hatte mir erzählt, dass in den nächsten Tagen schon einige Pressetermine anberaumt seien. Dafür hatte Anwalt Rose gesorgt. Meine Rückkehr ist den Tageszeitungen der Gegend wohl einen Artikel wert.

Es gibt zwei Wege hinunter zum Haus: Entweder auf der Straße entlang oder über die Wiese. Mit einem Freudenschrei laufe ich durch das kniehohe Gras. Ich bin frei, frei, frei! Und jetzt beginnt ein neues Leben!

neukirchener
aussaat

Leben aus dem Einen!

MARKUS MAJOWSKI

MARKUS,
GLAUBST DU AN
DEN LIEBEN GOTT?

AUTOBIOGRAFIE

neukirchener
aussaat

**LChoice App
kostenlos laden,**
dann Code scannen
und ganz einfach
beim Buchhändler
Ihrer Wahl bestellen

LChoice

Ein bekannter Schauspieler erzählt

Der beliebte Schauspieler schreibt ehrlich und mutig darüber, was es
bedeutet, lebendig zu sein und in Gott seinen festen Halt zu finden.
Entdecken Sie diesen warmherzigen und humorvollen Menschen ganz
neu, der nicht nur mit Leib und Seele Schauspieler ist, sondern sich in
vielfältiger Weise auch sozial engagiert.

Markus Majowski
Markus, glaubst du an den lieben Gott?
Autobiografie
gebunden, mit Lesebändchen und farbigem Bildteil, 219 Seiten,
ISBN 978-3-7615-6035-8

www.neukirchener-verlage.de